HISTORIA
DE UN
PLIEGO DE PAPEL.

HISTORIA

DE

UN PLIEGO

DE PAPEL,

POR

J. PIZZETTA.

TRADUCIDA

POR D. J. V. Y C.

MADRID

IMPRENTA DE GASPAR Y ROIG,

EDITORES.

© de la presente edición
 del 2025:

Editorial Gráficas Maxtor
 Fray Luis de León, 20
 47002 Valladolid (España)
 +34 983 090 110
 info@graficasmaxtor.es
 www.graficasmaxtor.es

I.S.B.N. 978-84-1171-050-3
depósito legal: DL VA 210-2025

HISTORIA.

DE UN

PLIEGO DE PAPEL.

En las cercanías de un pueblecillo del Orne, en una de las afluencias de los torrentes de la Vire, que corre al pie de una colina cubierta de rocas y de árboles se elevan dilatados edificios blanqueados con cal, y ventilados por numerosas ventanillas, simétricamente espaciadas á la manera que las de un cuartel. Detrás de estos dilatados edificios, murmura el pequeño rio que corre al pie de una colina, de la cual los separa, haciendo girar su corriente bastante rápida la ancha rueda de un molino. Estos edificios son los talleres de una fábrica de papel donde todo está en movimiento como un hormiguero.

En la otra parte de la corriente de agua, en la falda de la colina y medio oculta detrás de una hilera de árboles está la casa del dueño de la fábrica, alegre y encantadora mansion, con persianas verdes y con paredes tapizadas con rosales trepadores. Protegida por el costado contra los vientos del Norte, mirando á Mediodia, domina y descubre por encima de los techos de la fábrica, el alegre valle que recorre el rio Vire.

Aquí es donde vive el propietario de la fábrica con su familia. Dotado de gran inteligencia y muy erudito, sobre todo en lo relativo á los diversos ramos de su industria, dedicaba al estudio los ratos de ocio que le dejaba la direccion de su fábrica.

Este escelente hombre era algo pariente mio, y sabiendo el gusto que le daria, proporcionándole la ocasion de ejercitar su hospitalidad, formé el proyecto de detenerme algunos dias en su casa en un viaje que hice á Normandía, con el doble objeto de disfrutar de su sociedad y de examinar á placer su bella biblioteca, una de las mas ricas y mas cùriosas que jamás he visto.

Recibióme con los brazos abiertos, y desde el segundo dia, consintió con placer en hacerme los honores de su biblioteca y de su colecion de antigüedades.

Era esta una vasta sala cuadrada recibiendo la luz por arriba, adornadas sus cuatro paredes con armarios de roble ennegrecido por el tiempo, cerrados con cristales. Encima de la puerta de entrada habia grabada con letras de oro en una piedra de mármol negro, esta inscripcion que figuraba, segun se dice, en la biblioteca del rey egipcio Osymandias: *Remedios del alma*. En medio de la sala una ancha mesa redonda cubierta con un tapete verde y rodeada de algunas sillas forradas de cuero, componia todo su mueblaje.

El cuerpo de la biblioteca situado á la derecha, á la entrada, encerraba todo lo que tenia relacion con el arte de escribir entre los antiguos, y comprendia una rica coleccion de monumentos raros y curiosos de la antigüedad; el cuerpo siguiente de la biblioteca contenia los manuscritos y los libros de la edad media; despues venian las obras y los monumentos relativos al orígen de la imprenta, y finalmente lo que tenia relacion con la industria de la fabricacion del papel y el arte tipográfico moderno. Los demás cuerpos comprendian las obras maestras de la literatura, de las ciencias y de las artes. En el exámen de esta rica biblioteca y en las conversaciones con este hombre erudito es en donde he adquirido las noticias que me han permitido escribir este libro.

Es una historia interesante verdaderamente, la historia del papel, esa maravillosa sustancia que ha ejercido tan grande influencia en los progresos de la civilizacion y que ha contribuido tanto al bienestar del hombre y al desarrollo de su inteligencia.

¡Qué cosa mas curiosa, en efecto, que la historia de los primeros ensayos para conservarnos los rastros materiales del pensamiento humano! ¡Qué cosa mas digna de nuestra atencion y de nuestro reconocimiento que la paciencia y la abnegacion de esos eruditos monjes de los primeros siglos de nuestra era que nos han transmitido, con un trabajo incesante, los tesoros de la antigüedad! ¡Qué cosa mas digna de interés que el valor y las luchas de Guttemberg y de sus primeros compañeros, para asegurarnos la conquista de este arte sublime que renovó la faz del mundo, que disipó las tinieblas de la ignorancia y de la supersticion!

¡Cuántas obras maestras, qué bellas cosas y qué buenas nos ha trasmitido!

Y, si es cierto lo que se dice sobre que todo bien que se hace en este mundo da ocasion á que abuse de él nuestra debilidad, que toda invencion humana es una arma de dos filos de que puede usarse bien ó mal; que el papel, en una palabra, puede propagar malas doctrinas tan fácilmente como preceptos saludables, tambien puede contestarse á esto, que la suma de bien que puede producir supera á la del mal que puede ocasionar-

porque de la comunicacion y cambio de ideas resulta el progreso.

¡El papel! fórmanse con él libros y periódicos, es decir, la luz y la oscuridad, la verdad y la mentira. Hácense esquelas de matrimonio y esquelas de defuncion, billetes de banco y ejecuciones y embargos judiciales. ¡Por medio del papel, se cambian las costumbres y se trastornan los imperios!

Y todo esto proviene de sucios trapos, de harapos abyectos recogidos por la noche en los basureros de las callejuelas.

Todos esos restos sin nombre han sido trapo, desde la mas rica batista hasta la rodilla mas tosca. Los unos han sido un trage de baile ó un pañuelo bordado; los otros trozos de velas ó de las jarcias de un navío. La tempestad desgarró su velámen; la moda y la usura hicieron arrojar á la calle el trage y el pañuelo, y esos restos, al pasar por la cesta del trapero, fueron á llenar la tina del fabricante de papel de la que saldrán en forma de hermosos pliegos de papel blanco.

Voy pues á intentar referiros la historia del papel, la de todas las trasformaciones que ha esperimentado, desde la planta, cuya celulosa debe convertirse un dia en pasta, hasta el libro del cual constituye la primer materia; el libro, esa espresion material y viviente del pensamiento humano.

¡Dios quiera, querido lector, que acojas benevolamente el mio!

PRIMERA PARTE.

DEL PAPEL Ó DE LAS SUSTANCIAS QUE·SERVIAN DE TAL ENTRE LOS ANTIGUOS.

CAPITULO I.

Orígen de la escritura.

Como es fácil de presumir, la escritura no ha salido formada enteramente del cerebro del hombre, como salió Minerva, armada de punta en blanco de la cabeza de Júpiter.

Escritura figurativa.

La palabra ha sido indudablemente, por espacio de muchos siglos, el único medio de comunicacion entre los individuos de la especie humana; pero al desarrollarse la civilizacion,

Escritura simbólica.

debió sentir el hombre la necesidad de comunicarse tambien con los ausentes y de dejar á las generaciones venideras testimonios de su tránsito por el mundo. En un principio imaginó representar por medio de algunos signos, ciertos hechos cuyo recuerdo queria perpetuar, ó cuyo relato quería trasmitir. Esto debió ser una representacion, una pintura bastante tosca de los objetos de la naturaleza; escritura figurada de que nos ofrecen un ejemplo en el dia las tribus indias de la América del Norte.

Mas adelante, las naciones mas ingeniosas y mas civilizadas, comprendiendo la imperfeccion de tal medio, imaginaron nuevas figuras, que representaban algo mas todavía que los objetos naturales y permitian figurar de un modo mucho mas abreviado acontecimientos é ideas.

De aquí la escritura simbólica y los geroglíficos cuya invencion se atribuye á los egipcios.

Geroglíficos.

Es cosa fuera de duda, que antes de la introduccion de las letras alfabéticas, todas las naciones han hecho uso de la escritura figurada. Los chinos en el Este, los mejicanos en el Oeste, los egipcios en el Sur, los escandinavos en el Norte, han empleado esta manera de escribir ó de pintar los acontecimientos.

Hasta entonces como se ve, esta pintura no tenia relacion alguna con la escritura actual. Las figuras de que se hacia uso representaban objetos, los caracteres que hoy empleamos representan sonidos.

Un genio afor unado comprendió que el discurso, por variado y por estenso que pueda ser respecto de las ideas, no se compone, sin embargo, sino de cierto número de sonidos, y que era posible asignar á cada uno de estos un carácter representativo. Abandonó, pues, la pintura figurada de los séres vivientes y de las cosas inanimadas para atenerse á la combinacion de los sonidos.

Una vez determinados los caracteres representativos de los sonidos, llegaron á ser mucho mas rápidos los progresos de la escritura, y desde entonces se encontró,

Ese arte tan ingenioso
De pintarnos la palabra
Y de hablar á nuestros ojos.

¿Cuál fue el hombre de genio, que encontró primero el arte de representar los sonidos por medio de caractéres? Esto es lo que no nos dice la historia.

Es verdaderamente singular ver, que casi siempre se ha perdido en el olvido el nombre de los bienhechores de la humanidad, mientras que se han levantado estátuas á los conquistadores que son su azote.

Los antiguos pueblos, habituados á honrar á los dioses ó á los héroes de la enseñanza de las artes que les habian legado sus antepasados, señalaron un orígen divino al arte que habia sido como el depositario y el propagador de todos los demás. Así es como vemos atribuir la invencion de la escritura por los egipcios á Thot, por los escandinavos á Odin, por los griegos á Mercurio ó á Cadmo, por los judíos á Moisés ó á Abraham.

Los chinos y los egipcios parecen ser los pueblos que desde mas antiguo, han hecho uso de la escritura. Segun toda apariencia, este arte fue llevado á Grecia por colonos egipcios y fenicios, que fueron á establecerse á este país en el siglo XVII, antes de nuestra era. De aquí, el alfabeto se difundió por Italia.

Los numerosos sabios que han estudiado el orígen, la forma y la filiacion de los alfabetos de casi todos los pueblos, están acordes en reconocer, que los caracteres fenicios, hebreos y samaritanos, eran antiguamente los mismos ó se diferenciaban muy poco: que estos dieron orígen al Siriaco; que el griego se sacó del siriaco, el latin del griego, el franco y el sajon del latin, el gótico del griego y del latin, el alfabeto ruso y el eslabon del griego, así como el copto y el armenio. Todos los alfabetos de Europa tienen cierto aire de familia, indicio de un orígen comun.

CAPITULO II.

De las sustancias empleadas primeramente para fijar la escritura.

No bien se encontró la escritura, debió pensarse naturalmente en los medios de fijarla y de conservarla, y se busca-
ron las sustancias propias para este uso.

Pusiéronse á contribucion los tres reinos de la naturaleza,
y hay pocas materias de alguna consistencia que no se hayan
empleado, al menos accidentalmente.

Ladrillo caldeo con una inscripcion cunciforme.

Los mas antiguos monumentos escritos que se poseen en
el dia, se han grabado en piedra ó en madera. La ley de los

diez mandamientos que llevó Moisés al pueblo hebreo al descender del monte Sinaí, estaba grabada en piedra, habiendo sido comunes las inscripciones de este género en todos los tiempos y en todos los paises. Aun en el dia, nuestros monumentos, y sobre todo nuestros cementerios abundan de textos de esta clase.

Los caldeos, durante siglos enteros, consignaron en ladrillos sus observaciones astronómicas, y la mayor parte de los museos de Europa poseen esta clase de ladrillos llenos de escritura cuneiforme.

Tambien se hizo gran uso de la madera. El museo británico posee una inscripcion grabada en una tabla de sycomoro, que proviene del féretro del rey egipcio Mycerino, encontrada en una de las pirámides de Memphis y que ascenderá á mas de 5.000 años.

Las leyes de Solon estaban grabadas en planchas de madera, de las que se veian todavía algunos restos en el Prytaneo de Atenas, á mediados del primer siglo de nuestra era. Las terribles leyes de Dracon se trazaron sin duda tambien en esta materia; asi, por lo menos, lo hace pensar este caprichoso texto de un poeta cómico referido por Plutarco: «Lo atestiguo por las leyes de Lycurgo y de Solon con las cuales hace hervir en el dia el pueblo su puchero.»

En Roma antes de hacer uso de las columnas y de las mesas de bronce, se grababan las leyes en planchas de roble, que se esponian en el Foro.

Los anales de los Pontífices que relataban dia por dia los principales acontecimientos del año, se escribian en planchas de madera blanqueadas con albayalde, que tenian el nombre de *album* (blanco). Estos anales cesaron hácia el año 633 de Roma (120 años antes de J. C.); pero el uso del album se mantuvo largo tiempo aun, puesto que encontramos en el Código Teodosiano, leyes publicadas en una tabla pintada de albayalde. En su consecuencia y por una analogía natural, se dió el nombre de *album* á todo registro, bien fuese público, ó privado. En nuestros dias se designa tambien con este nombre un cuaderno ó libro, todas cuyas páginas están destinadas á recibir lo que se queria trazar por medio del dibujo, de la música, de la prosa ó del verso.

Entre los antiguos se confiaba con frecuencia, á los metales las inscripciones de alguna importancia. En Roma, las famosas leyes de las doce tablas, se llamaron así porque se las habia grabado en este número de planchas de bronce. Las planchas de bronce servian para los actos de la vida pública y de la vida privada. Nuestros Museos poseen un gran número de planchas grabadas de esta suerte y que se nos han conservado casi intactas al través de los siglos; encuéntrase bajo esta forma, certificados de licencia militar concedidos á soldados romanos, al terminar su servicio en las legiones; actos del estado civil de los ciudadanos, etc.

Los antiguos sabian como nosotros, reducir el plomo á lá minas muy delgadas, en las que se grababa con un punzon de hierro. Plinio nos dice que esta materia se empleaba para consignar los actos importantes, cuyo recuerdo duradero se queria conservar; y en el libro de Job hallamos (XX, 24): «¡Que no pueda yo grabar mis palabras con un punzon de hierro en láminas del plomo!»

En una palabra, puede decirse que los hombres para fijar sus ideas, se han servido de todo objeto que podia presentar una superficie lisa ó plana, y entre otros materiales singulares de tejas y de tiestos.

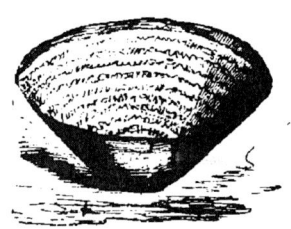

Vasija de barro cubierta de escritura.

Los trozos de bajilla eran de gran uso para este objeto entre los griegos y los egipcios; la mayor parte de los museos de Europa poseen muchos de estos preciosos ensayos.Encuéntranse en ellos inscritos contratos de venta, actos particulares, cartas familiares y hasta cuentas de cocina que, para decirlo de paso, prueban que los cocineros griegos no respetaban la ortografia mas que los de nuestros dias. Es muy probable por otra parte que las gentes pobres utilizaran tambien los restos de su bajilla, no pudiendo procurarse otras materias, cuyo precio debia ser muy elevado.

Segun Plinio, las hojas de árboles son la primer sustancia en que se trazó caractéres de escritura; y en nuestros dias, los pueblos de la India y de la Oceanía, escriben todavía en estas hojas. Los naturales de las Malivas trazan sus signos en la hoja del *makarekau*, que tiene un metro de largo sobre treinta centímetros de ancho; los habitantes de Ceylan escriben en hojas del *talipot;* los de la costa de Malabar en hojas de palmera. Cuando desembarcaron los españoles en el Nuevo-Mundo, los mejicanos se servian para trazar sus geroglíficos, de membranas de hojas espesas de pita. Los syracusanos escribian en hojas de olivo (*petala*) sus votos, de donde nació la palabra petalismo, que tenia el mismo significado que el ostracismo de los atenienses: estos trazaban sus votos en conchas de ostras (*ostracon*). Todo el mundo sabe el famoso dicho de Aristides, al escribir en una concha de ostra el voto de ostracismo dado contra él por un aldeano que no le conocia, pero que estaba cansado de oirle llamar siempre el *justo.*

Restos de vaso cubierto de escritura.

Durante largo tiempo, se sirvieron los romanos de tablillas de márfil, en las que escribian con tinta negra, ó bien bañandolas con una capa de cera, grababan sobre esta las palabras por medio de un punzon (*stilum*) de metal. Acostumbrábase á inscribir en ellas todo lo que no estaba destinado á conservarse por mucho tiempo, como las notas, las cuentas diarias, los borradores. El uso de estas tablas se conservó por largo tiempo, volviendo á encontrárselas en la edad media y hasta que se hizo el papel muy comun para sustituirlas con ventaja.

Las cajas de las momias egipcias, contienen frecuentemente lienzos cubiertos de escritura, y parece que esta sustancia se reservó para los monumentos de carácter religioso. Los oráculos sibiliticos estaban tambien escritos en rollos de lienzo.

Tambien se hacia uso de la corteza interior de ciertos árboles, y San Jerónimo nos enseña, que el significado dado á la palabra latina *liber* (corteza) proviene de ese uso que se remonta á la mas elevada antigüedad.

CAPITULO III.

El Papyrus.

Fácil es de comprender, que un escrito en piedra, en bronce, en plomo y aun en madera, no fuera cómodo de trans-
portar; que no pudiera circular fácilmente de mano en mano de un país á otro, y que no fuese, en su consecuencia,
mas que un medio muy imperfecto de comunicacion para los
hombres. Buscóse, pues, para fijar el pensamiento, un ve-
hículo mas conveniente, y el uso de escribir en hojas y en
corteza de árboles, debió inducir insensiblemente á la fabricacion del papel de Egipto ó del papiro (*papyrus*).

Memphis es, si hemos de creer á Lucano, á quien se debe-
ria la gloria de haber sido la primera que supo hacer el papyro; gloria de que se mostraba orgullosa con justo título. Fue
esto efectivamente, un gran progreso: ninguna materia habia
presentado hasta entonces las ventajas de este papel sólido,
flexible y ligero, regalo de la naturaleza, que no exigia ni
cultivo ni cuidados. Así, todas estas preciosas cualidades se
hicieron de un uso casi universal en los pueblos antiguos, y
la civilizacion recibió con él un feliz impulso. En realidad,
gracias al papel, se pudo multiplicar en toda forma, en la antigüedad la expresion del pensamiento sábio, de la poesía, de
los recuerdos de que se compone la historia.

El papyrus es una grande y hermosa planta de la familia
de las juncias, que crece en las aguas poco profundas y tran-
quilas del Egipto, de la Abisinia y de la Syria. Su raiz-tor-
tuosa y del grueso de la muñeca, desparrama á derecha é
izquierda gran cantidad de pequeñas raices, que sostienen la
planta contra la impetuosidad del viento y el esfuerzo de las
aguas. De esta raiz, se eleva un tallo triangular de tres á
cuatro metros de alto, que termina en una ancha ombela de

donde se escapan, como un ondulante penacho, gran número de filamentos del verde mas hermoso. Esta bella planta se ha introducido recientemente en las plantaciones de ornamentacion, que desde hace algunos años, embellecen los jardines públicos de París; y aun cuando no crezca sin dificultad en este clima, han podido verse espléndidos canastillos de papyro en el jardin de Batignolles.

El papyrus.

Desde a mas remota antigüedad, este precioso vegetal cubria una parte de las tierras que el Nilo inunda cada año. «El papiro crece en tan gran cantidad en las orillas del Nilo, dice Casiodoro, que parece una inmensa selva.» Esta, era una de las principales riquezas del pais. Todas las partes de esta planta se utilizaban para las necesidades de la vida. Sacábase de ella cuerdas y tejidos de que se hacian vestidos y velas para los navíos; fabricábase con ella canastillos, y era su raíz manducable; comíase cruda, hervida ó tostada, y su utilidad como alimento, parece que debió ser general para que llamara Esquilo á los egipcios, *comedores de papyrus*. Pero, sobre todo esto, el película encerrado en la corteza de este tallo triangular, servia para fabricar hojas de un papel flexible, ligero, casi blanco, sobre el cual los egipcios, con el auxilio de un pequeño junco cortado para este efecto, y mojado en tinta, escribian en caracteres tan finos, como escribimos hoy con pluma en el papel.

No puede señalarse una fecha exacta á la invencion del papyro por los egipcios. Mas el sabio Champollion, ha encontrado contratos en papyro, que llevan la fecha y ascienden al tiempo de Moisés (1200 años antes de J. C.). Estos manuscritos contemporáneos de los Faraones, no han perdido casi nada de su frescura y de su solidez.

Hé aquí cuál era el modo cómo se preparaba esta clase de papel. Despues de haber arrancado la planta del papyro, en el tiempo ordinario de su recoleccion, se cortaba su raiz y la parte superior del tallo, conservando un tronco de uno á dos pies de largo; en general, todo lo que habia vivido debajo del agua, se habia emblanquecido allí por efecto de esta inmersion. De este tronco se quitaba sucesivamente la primer corteza, y todas las películas siguientes que ascienden á diez ó doce. Estas películas eran tanto mas finas y mas blancas, cuanto se hallaban mas cerca del corazon de la planta, y habian vivido mas largo tiempo en el agua. Todavía frescas, eran estiradas y estendidas, batidas y prensadas, y se las encolaba en seguida cabo con cabo para formar hojas. Aun han llegado hasta nosotros de estas hojas, pliegos de diferentes dimensiones, y libros plegados de plano y de muchas páginas; y finalmente, rollos que tenian veintitres metros de longitud.

Como esta materia vegetal era por su naturaleza muy desmenuzable, todas las hojas estaban dobladas, debiendo tenerse cuidado de cruzar las fibras, y de pegarlas en el ángulo derecho unas á otras imitando un tejido de lienzo. Dábasele la primer preparacion con el peso de una prensa, quitándosele toda aspereza; acabábase de alisar la hoja con piedra pomez, ágata ó márfil; y finalmente, para garantizar el papyro preparado de esta suerte contra la humedad y los insectos, se le sumergia en aceite de cedro antes de servirse de él.

Los viejos rollos de papyro cubiertos de escritura, servian en Egipto para hacer calzado cuya suela formaban muchas hojas cosidas juntas. Estos viejos zapatos, son en el dia otros tantos documentos preciosos para la arqueología y la filología.

Ignórase la época en que se introdujo en Grecia y en Italia el papyrus; pero no hay duda que lo fue cuando los papeleros egipcios habian adelantado mucho en la práctica de su arte. La planta se llamaba por los griegos *Biblos*, palabra que significaba tambien libro, y con la cual se designó mas adelante, la coleccion de las Sagradas Escrituras, el libro por excelencia, el *Libro de los libros*.

Cuando se difundió de Egipto á Grecia é Italia este precioso producto dispertó naturalmente el espíritu de competencia y de perfeccionamiento. Un ateniense llamado Philtacio, habiendo inventado un modo de encolar que daba al papyro una solidez y lisura superiores, sus compatriotas reconocidos le levantaron una estátua. Las cualidades de este papel variaban por otra parte, segun el lugar de su provenencia, y Alejandria era particularmente renombrada por sus productos en este género cuya venta ó salida, se estendia muy léjos. Esta fabricacion era tan importante allí, que habiéndose apoderado el general Marco Firmo de Alejandría, con el objeto de hacerse proclamar rey de Egipto, cogió en esta ciudad bastante papel para pagar á su ejército y proveer á todos los gastos de su espedicion.

Hubo ya, pues, desde entonces papel comun y papel de lujo. La primer calidad del papyro se llamó desde luego *hierática* ó sagrada, porque estaba reservada á las necesidades del culto y del emperador; pero la lisonja le hizo dar mas adelante el nombre de *Augusto*. La segunda calidad se llamó *Liviana*, del nombre de Livia, muger de Augusto, y la denominacion de hierática no se aplicó ya desde entonces mas que al papyro de tercera clase ó calidad. Un papel mas comun se llamaba *Sáitico*, porque se hacia de un papel de calidad inferior, que crecia en abundancia en las cercanías de Sais en el Delta. Finalmente, en la última clase, figuraba el papel *emporético* ó papel mercante. No era á propósito para escribir en él, y era equivalente á lo que en el dia llamamos papel para envolver, sirviendo para envolver las mercancías.

En el reínado del emperador Claudio se perfeccionó el papyro, al cual se dió mas longitud y mas fuerza. Esta nueva calidad que tomó el nombre de *papel claudiano*, privó del primer rango al papel *Augusto*, mucho mas fino y menos resistente. Estos papeles de calidad superior se hacian con el papyro fabricado en Egipto, pero estaban preparados y trabajados de nuevo por los papeleros romanos, que los lababan, los batian y los aplicaban á la encoladura particular hecha con miga de pan desleida en agua hirviendo.

Hácia el año 450 antes de nuestra era, Hieron, Tirano de Syracusa, intentó sustraerse al monopolio egipcio, procurándose á precio de oro, pies de papyro que hizo plantar en los pantanos de là Sicilia; pero estos pies permanecieron siempre muy pequeños y no dieron mas que productos inferiores.

El Egipto quedó solo en posésion del comercio del papyro. Por esto mismo, y como todas las rentas que dependen de la fecundidad anual del suelo, el papyro estaba sujeto á penurias, y no solo era preciso contar con la desigualdad de la temperatura, sino que, mas de una vez, las tempestades del Mediterráneo destruyeron convoyes destinados al abasto de la Grecia ó de la Italia; y como era en todo tiempo una sustancia bastante costosa, subia entonces á precios excesivos. Vese por cuentas auténticas de los últimos siglos antes de Jesucristo, que el precio de un pliego de papel correspondia á cerca de 4 ó 5 francos, que es casi el precio de una resma de papel de nuestros dias.

Bastaba, pues, que la recoleccion de esta planta faltara un año para que se sintiera la penuria del papel en toda Europa, y esto sucedió muchas veces. Plinio refiere que hubo una carestía tan considerable en tiempo de Tiberio, que causó un tumulto en Roma, y que hubo alrededor de todos los almacenes de papyrus tan tumultuoso agrupamiento de compradores que fue preciso recurrir á una medida análoga á la que se ha tomado muchas veces en épocas de hambre. Nombráronse comisarios árbitros para repartir en proporcion á las demandas, las escasas provisiones de papel de que podia disponer el comercio.

Tal era ya, hace mil ochocientos años, la importancia del papel en el mundo civilizado.

CAPITULO IV.

El pergamino.

Aunque el papiro egipcio fuese la principal sustancia de que se servian para escribir en esta época, se empleaban otras muchas materias, tales como tablillas delgadas de madera, planchas de marfil, y pieles curtidas. El uso de esta última sustancia se remontaba á una antigüedad muy remota, porque Herodoto y Diodoro de Sicilia hablan de que se empleaba para escribir pieles de carnero, de oveja y de vaca.

En la biblioteca de Bruselas se conserva un manuscrito del Pentateuco que se cree ser anterior al siglo XI antes de Jesucristo; hállase escrito en cincuenta y siete pieles cosidas unas á otras y forma un rollo de cerca de 36 metros de largo. No obstante, los procedimientos preparatorios de las pieles parecen haber sido bastante toscos hasta el segundo siglo antes de nuestra era.

En esta época, habiendo obligado al rey de Egipto grandes penurias de papel á prohibir la exportacion de esta materia fuera del reino, el rey de Pérgamo Attalo II fomentó la fabricacion de pieles preparadas, que se perfeccionó considerablemente en su reinado.

Del nombre de Pérgamo, tomó esta sustancia el de pergamino.

Los procedimientos que entonces se empleaban para la fabricacion del pergamino venian á ser casi los mismos que se usan en el dia.

Para la preparacion del pergamino háse empleado con preferencia las pieles de cabra y de carnero, reservándose las de vaca, cordero y cabras que nacen muertas para la vitela ó pergamino vírgen. El arte del fabricante de pergamino consiste en conseguir adelgazar estas pieles, en hacerlas casi trasparentes y al mismo tiempo bastante sólidas para el uso á que se destinan.

Cuando se ha quitado el pelo á las pieles y se han descarnado y en parte desengrasado, se las inmerge en una disolucion de alumbre y de sal marina; despues se las diseca lo mas prontamente posible, tendiéndolas en marcos de madera y estirándolas por medio de clavijas, y con bastante fuerza para que no presenten arrugas ni pliegues. Cuando está bien seca la piel, el operario, armado con un hierro cortante, quita toda la carne todavia adherente á su faz interna, despues volviendo su raspador por el reverso, las raspa y hace correr por ellas agua que se acumula en la faz externa ó la epidermis, teniendo mucho cuidado de no estropearla. Despues, procede á apomazarlas, y para ello cubre la piel por la parte interna solamente con una capa muy delgada de cal, apagada en polvo fino, pasando en todas direcciones una ancha piedra pomez, preparada. La cal absorbe con rapidez el agua que retenia la piel. Despues de estas operaciones se deja secar la piel en el bastidor, despues se la quita para entregarla al *raspador* que hace que esperimente de nuevo todas las operaciones que acabamos de describir. La adelgaza, la iguala, le da mas lustre por medio de una piedra pomez, lo mas suavemente que sea posible. En seguida se pliega y pone en prensa el pergamino, y se entrega al comercio.

La *vitela* no es mas que la calidad superior de pergamino, la que se hace con las pieles mas finas, generalmente las de cordero ó de vaca, como indica su nombre; en la edad media *veel* significaba becerro, y los ingleses dicen aun *veel* que se pronuncia *vil*.

Aplicábase al pergamino de lujo y á la vitela una preparacion particular compuesta de agua de goma y de albayalde fino, que le daba un aspecto mas compacto, y mayor blancura.

El nuevo papel de fabricacion mas fácil, de solidez mucho mayor, y que no estaba como el papyro sometido á las variaciones de la fecundidad del suelo, hizo al producto egipcio una fuerte competencia. Sin embargo, este se sostuvo por largo tiempo, pues se le empleó para los diplomas de los reyes de Francia hasta fines del siglo VII. Pero en el siglo nono, desapareció el papyro casi completamente de todos los mercados de Oriente y de Occidente, á consecuencia de la invasion del Egipto por los musulmanes, pueblos poco amigos, especialmente entonces, de la escritura y de los libros. Destruyeron, pues, poco á poco el cultivo de la materia que por tan largo tiempo habia alimentado el comercio de este pais.

Los intestinos de los animales se han empleado tambien algunas veces para la escritura. Zonaro refiere en sus Anales, que la biblioteca de Constantinopla poseia las obras de Homero escritas en letras de oro en un intestino de serpiente, que tenia 120 pies de longitud.

El pergamino era blanco, teñido de amarillo ó de color de púrpura. Este último se hallaba generalmente reservado para los libros sagrados ó para uso del emperador.

En la biblioteca real de Suecia se conserva el manuscrito original de una traduccion en lengua gótica de los Evangelios, debido al obispo de Uphilas, que vivia en el siglo IV. Este precioso manuscrito está en vitela de color de púrra, escrito en letras de plata y oro.

Vése aun en el tesoro de la iglesia de Nuestra Señora en Aquistran, un manuscrito latino de los Evangelios, que se encontró en el sepulcro de Carlomagno, escrito con letras de oro en vitela de púrpura.

Desde el siglo VII, el pergamino venció enteramente al papyro; dominó esclusivamente en la edad media, y todavía se usa en el dia para espedir los documentos cuya conservacion se desea asegurar.

CAPITULO V.

De los instrumentos empleados para escribir.

Despues de haber dado á conocer las diversas materias sobre que se trazaba la escritura en los tiempos antiguos, conviene hablar de los instrumentos que se empleaban para este uso.

Los egipcios, los griegos y los romanos se sirvieron en un principio del pincel para escribir. Sabido es que aun en nuestros dias los chinos no trazan de otra suerte sus innumerables caracteres.

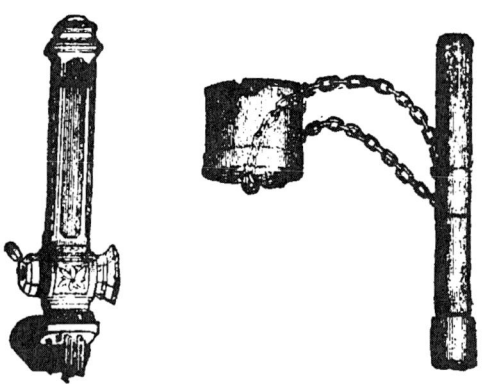

Necessaires de escritor entre los antiguos egipcios.

Mas adelante se sustituyó el pincel con una cañita que se cortaba como nuestras plumas, y de la cual se sirven todavía los orientales.

Con el auxilio de esta caña mojada en tinta escribian los egipcios en papyro, en caracteres tan pequeños como podríamos hacerlo en el dia con pluma en los mejores productos de nuestras fábricas de papel.

Para grabar los caracteres en láminas de plomo ó en la cera de las tablillas, se empleaba el stilo de hierro ó de hueso. Este instrumento era puntiagudo por un estremo y plano por el otro en forma de espátula para borrar é igualar la cera. Los stilos de hierro, que podian en ocasiones, ser armas peligrosas, testigo la muerte de César, fueron proscritos en Roma por una ley.

Las plumas de aves y aun las plumas metálicas, que podrian mirarse como una invencion muy moderna, eran conocidas de los antiguos segun el sabio Montfaucon; los patriarcas de Constantinopla se servian para escribir de una pluma de plata.

La regla, el compás, el tintero, el corta-plumas, el raspador, la salvadera, estos accesorios obligados del escritor, estaban tambien en uso antiguamente, como lo demuestran las pinturas que se han encontrado en el Herculano.

Con el auxilio de la regla y del compás, se trazaba como en el dia, rayas verticales para hacer las márgenes, despues rayas horizontales para espaciar igualmente las líneas de escritura entre sí. Estas rayas se trazaban con la punta del stilo, y solo desde el siglo XIII, se halla el uso del lapiz.

La tinta negra era la que, como en nuestros dias, se empleaba habitualmente; componíase de humo, goma y agua; segun Plinio, un poco de vinagre la hacia indeleble; y añade, que poniendo en infusion absintio, se preservaban de los ratones los manuscritos. Esta tinta que ha conservado en antiquísimos manuscritos un tinte negro y brillante, se ha empleado hasta el siglo XII, época en la que se reemplazó por nuestra tinta moderna, que es un compuesto de sulfato de hierro, de nuez de agalla, de goma y agua.

Además de la tinta negra ordinaria, conocian los antiguos la tinta de jibia ó sepia, y una tinta india que apenas se diferenciaba de la tinta de China. Empleábanse tambien tintas de color rojo, azul, verde y amarillo. Los títulos y las iniciales se trazaban por lo comun con tinta roja ó cinabrio, y este uso pasó de los manuscritos romanos á los del Bajo Imperio y de la edad media.

La tinta y el tinte que provenian de la púrpura estaban esclusivamente reservados á los emperadores; su fabricacion y su uso estaban prohibidos á los particulares bajo las penas mas severas.

Los antiguos conocian las tintas de plata y oro, que estuvieron especialmente en uso en el Bajo Imperio ; los escritores en oro formaban allí una corporacion particular con el nombre de *Chrysographos*. La biblioteca imperial de París posee muchos Evangelios griegos enteramente escritos con letras de plata.

Los escritores de la antigüedad no se apoyaban como hacemos nosotros en una mesa ; las pinturas del Herculano y de Pompeya los representan escribiendo sobre sus rodillas ó en su mano izquierda, como se practica aun en Oriente.

CAPITULO VI.

De las diversas formas de escritura.

Segun Tácito y el historiador Plinio que podian juzgar por monumentos muy antiguos, no hubo en su principio ninguna diferencia entre las letras griegas y las letras latinas. Posteriormente, la introduccion de algunas letras nuevas y las modificaciones de formas hechas en las antiguas, ocasionaron diferencias bastante notables para constituir alfabetos distintos.

Las letras griegas han tenido curso, no solamente en Grecia, sino tambien en Egipto, en la Italia meridional, en España y en las Galias antes de la conquista romana. El alfabeto latino venció de muy temprano en la práctica al alfabeto griego. Despues de haber dominado en el vasto imperio romano, fue adoptado por la mayor parte de los pueblos de Europa durante la edad media. Pero, cada pueblo bárbaro, al apropiárselo, lo alteró á su manera, lo cual dió nacimiento á las escrituras llamadas nacionales. El genio propio de cada pueblo, el mayor ó menor gusto ó habilidad de los copistas han hecho esperimentar al dibujo de las letras innumerables modificaciones.

Ha habido muchas maneras de disponer las líneas de la escritura. Una de las mas antiguas consistia en trazar la primera línea de izquierda á derecha; la segunda, volviendo de derecha á izquierda; la tercera, de izquierda á derecha y asi sucesivamente. Este género de escritura se llamaba por los griegos *boustrophedon* (de *bous* buey y *strephein*, girar), porque la comparaban al paso del buey uncido al arado, que despues de haber trazado su primer surco, vuelve atrás para formar otro al lado en sentido contrario, y prosigue de esta suerte su trabajo.

La escritura de izquierda á derecha, tal como se usa en el dia en los pueblos occidentales, se habia introducido entre los griegos por un cierto Pronapide, de Atenas, que Diodoro de Sicilia pretende haber sido el preceptor de Homero. Tambien fue adoptada por los latinos.

Los pueblos orientales escriben de derecha á izquierda, los chinos y los japoneses trazan las líneas de su escritura verticalmente, de arriba abajo, comenzando por la derecha.

Adviértense muy grandes desemejanzas entre la forma de la escritura griega y la de los latinos, en los manuscritos antiguos y las inscripciones. Los caracteres griegos son, en general, pequeños, cortos, apiñados y correctos, mientras que los de los latinos son anchos, prolongados, espaciados y muy irregulares.

Los escribientes latinos eran inferiores á los griegos; no se cita en efecto ninguna de sus obras entre las obras maestras de la caligrafía moderna. Ciceron refiere haber visto la *Iliada* de Homero escrita en vitela y pudiendo encerrarse en una cáscara de nuez. El sabio Huer ha demostrado la posibilidad de este hecho revocado en duda por muchos autores modernos. Eliano habla de un hombre que despues de haber escrito un dístico en letras de oro, podia encerrarlo en la cáscara de un grano de trigo. Sabido es por otra parte que nuestros calígrafos modernos han ejecutado con frecuencia prodigios semejantes.

Antes de la conquista romana, los galos se servian, como ya hemos dicho, de caracteres griegos, conservando algunos de ellos, cuando mas adelante adoptaron el alfabeto latino.

Una de las letras mas antiguas de nuestros antepasados, es la que se distingue con el nombre de capital ó mayúscula, empleada en el dia para las portadas y los títulos de los libros y muy frecuente en las inscripciones lapidarias. La letra merovingiana en uso bajo los reyes de la primera raza, era sumamente delgada y prolongada; sus caracteres tienen á veces mas de una pulgada de elevacion, y están de tal modo apiñados, que no se pueden leer sino con la mayor dificultad.

Con la segunda raza se introdujo en Francia la letra llamada carlovingiana, que no fue mas que la renovacion de la bella mayúscula romana. La minúscula carlovingiana, que corresponde al carácter romano de nuestras imprentas, vino en seguida y obtuvo un alto grado de perfeccion y de elegancia bajo Carlomagno y sus sucesores.

Hácia el siglo XVII, se modificó la forma de la escritura, al mismo tiempo que la arquitectura; á medida que la aguja gótica y los adornos fantásticos suceden al pleno arco de bóveda cimtro-romano, la escritura gótica se distingue por el quebrado de las líneas, que eran rectas ó curbas en la escritura de los siglos precedentes, ganando, si no en belleza, al menos en limpieza ó nitidez, en perfeccion técnica, hasta la época elegante y florida del Renacimiento, despues de la cual no ha hecho mas que decrecer. Pero entonces se prepara un acontecimiento importante; la imprenta, ese arte maravilloso, va á hacer, por decirlo asi, inútil el talento del calígrafo.

Vése en inscripciones muy antiguas cada palabra separada de la siguiente por uno ó dos puntos. En cuanto á la puntuacion, propiamente dicha, se atribuye al gramático Aristóphanes de Byzancio, que vivia 200 años antes de Jésucristo. Sin embargo, aunque se encuentran vestigios de puntuacion en algunos manuscritos muy antiguos, falta completamente en la mayor parte de ellos.

El modo mas comun de suplir la puntuacion en los primeros tiempos, era escribir por versículos y distinguir asi los diversos miembros del discurso; San Jerónimo introdujo esta distincion por versículos en la Sagrada Escritura, para facilitar su lectura é inteligencia á los fieles. Poníase frecuentemente al principio de cada versículo una letra mas grande. A veces tambien se suplia la puntuacion con un vacío ó un blanco.

Los antiguos empleaban con frecuencia un sistema de abreviatura que consistia en representar una palabra con una ó muchas letras de esta palabra; asi se ponia A M por *amicus*, F S por *fratres*. Dábase á estas letras abreviativas el nombre de *sigles*.

Segun algunos autores, los hebreos conocian los sigles; de los griegos pasaron á los romanos, que los empleaban sobre todo en las inscripciones. Posteriormente, se adoptaron tambien en los documentos, leyes y decretos, y en breve este uso degeneró en abuso. Compréndese, en efecto, que pudiendo interpretarse los *sigles* de diversas maneras, diera su empleo lugar á multitud de errores y á discusiones interminables. Esta fue la edad de oro de los abogados hasta el momento en que el emperador Justiniano prohibió su uso por una ley severa. Los que se hubieran atrevido á servirse de ellos en la trascripcion de las leyes del imperio, hubieran sido tenidos por falsarios. No obstante, los *sigles* no cesaron de estar en uso en las inscripciones y manuscritos ordinarios.

El uso de estas abreviaturas, sobre todo en los nombres propios de las escrituras y documentos de toda especie, causó un gran número de errores, ya por parte de los copistas, ya por parte de los intérpretes y ha ocasionado una gran confusion en la historia. Para no citar mas que un ejemplo: el antiguo martirologio de San Jerónimo marcaba en el dia 16 de febrero once mártires, compañeros de San Pámfilo, entre los cuales figuraban cinco soldados (V *militibus*) cuya abreviacion V *mil.* tomada por V *milibus*, hizo de cinco soldados mártires, cinco mil mártirès. Los errores de este género han sido muy frecuentes, y como se vé, de cierta gravedad. Ya tendremos ocasion de insistir en esto al hablar de los escribas y de los copistas.

En Francia, los manuscritos mas antiguos contienen pocos signos abreviativos; pero desde el siglo XI al XIII, se difundió estraordinariamente su uso, llegando á multiplicarse hasta tal punto, que en 1304 Felipe el Hermoso trató de remediar este abuso en una ordenanza relativa á los tabeliones y notarios. Parece, no obstante, que fue en vano, porque en los siglos XIV y XV se encuentra multitud de actos ó documentos tan llenos de abreviaturas que son casi ilegibles.

Los antiguos empleaban tambien otro género de escritura abreviada, comparable á nuestra estenografía, los romanos la designaban con el nombre de notas tironianas, porque se atribuia su invencion á Tiron, liberto de Ciceron. Pero estos caracteres abreviativos por medio de los cuales se podia escribir tan rápidamente como se habla, débieron conocerse en una época muy remota, puesto que Diógenes Laercio refiere que Xenofonte se sirvió de ellos para tomar los discursos de Sócrates. Ciceron fue, segun dice Plutarco, el primero que hizo uso de ellos en Roma, para los debates á que dió lugar la conjuracion de Catilina en el Senado.

Estas notas tironianas fueron de un uso muy general en Occidente. En el siglo IV, se les enseñaba en las escuelas públicas y se usaba de ellas para trascribir los manuscritos, asi como los actos ó documentos públicos ó privados. Escribíanse de esta manera discursos y aun sermones, puesto, que San Agustin dice, que sus oyentes tomaban por este medio lo que se decia en el púlpito.

El abuso de las notas tironianas llegó á ser por otra parte tan perjudicial como el de los *sigles*, porque la multiplicidad de los signos modificados por la ignorancia ó el capricho de los escribientes y de los copistas, produjo la mayor oscuridad en los textos de los documentos, de las cartas y de los diplomas. Mas adelante, los intérpretes y los comentadores en vez de desgarrar el velo enigmático de los *sigles* y de las notas, los hicieron mas tenebrosos aun con la libertad y la diversidad de sus interpretaciones. De aquí las variaciones hasta lo infinito que se encuentran en los antiguos manuscritos. Asi, vemos al sabio Casiodoro recomendar á sus discípulos que tuvieran cuidado, en el estudio y la trascripcion de los libros sagrados, el no servirse sino de ejemplares muy correctos, y en que no se emplearan ni *sigles* ni notas, por temor de que pudieran tomarse las faltas de los copistas por el texto de la Escritura.

La *cryptographia* ó escritura secreta ha estado en uso entre los antiguos; Aulio Gelio, en sus *Noches aticas* nos suministra muchos ejemplos.

«Los lacedemonios, dice, tenian un medio de escribir las cartas que dirigian á sus generales, de un modo ininteligible para el enemigo, en el caso de que cayeran en sus manos. Hé aquí cómo las escribian : tenian dos varitas redondas de un mismo tamaño. Una de estas varitas se depositaba en los ar-

Cryptographia de los lacedemonios.

chivos, en poder de los magistrados. Cuando se tenia que escribir al general algo importante, se rollaba en espiral al rededor de la varita una cinta bastante delgada y de conveniente longitud. Teníase cuidado de que no hubiera intervalo alguno entre los diversos pliegues de la cinta. Escribíase despues en esta cinta trasversalmente, dirigiéndose las líneas de un estremo á otro de la varita; despues se la desarrollaba y se la enviaba al general. Desprendida y desarrollada, no presentaba mas que letras quebradas, de suerte que si caia en manos del enemigo, este no podia comprender nada de lo escrito. Pero el general al verificar el procedimiento, rollaba la carta alrededor de su varita, los caracteres, al dar la vuelta, reaparecian en el órden en que habian sido trazados y formaban una carta fácil de leerse.»

Hé aquí una muestra de una carta secreta espuesta por el mismo autor, y que es verdaderamente lo mas singular que se conoce.

«Cuando estaba el Asia bajo la dominacion de Darío, dice, Histieo de Mileto, que se hallaba en la córte de este rey y deseaba anunciar secretamente á uno de sus amigos noticias importantes, imaginó esta admirable estratagema; tenia un esclavo que padecia de la vista hacia largo tiempo; á pretesto de curarle, le rapó toda la cabeza y escribió en ella lo que quiso. Retuvo al esclavo en su casa hasta que le creció el cabello lo suficiente, y entonces, le envió á Aristágoras, tal era el nombre de su amigo. «Cuando hayas llegado ante Aristágoras, le dijo, le dirás de mi parte que te rape la cabeza como hice yo.» El esclavo se marchó á encontrar á Aristágoras, y le trasmitió la recomendacion de su dueño. Este siguió la prescripcion, persuadido de que no se le habia dado sin motivo, y leyó la carta en la cabeza del esclavo.»

En una historia de Cartago he leido, que un ilustre general de esta república, Asdrúbal tal vez, teniendo que escribir un secreto de estado, empleó la siguiente estratagema: tomó tablitas nuevas que todavía no estaban enceradas, y grabó en ellas lo que tenia que escribir, echando cera encima. Entonces envió las tablitas donde nada aparecia escrito; el que las recibió estaba avisado de esta operacion; quitó, pues, la cera y leyó la carta escrita en la madera.

Julio César y Augusto, segun el dicho de Suetonio, emplearon procedimientos cryptográficos. Puede decirse por otra parte que apenas hay príncipe ó ministro que no haya hecho uso de ellos para su correspondencia política.

CAPITULO VII.

De los manuscritos y de los libros entre los antiguos.

Los libros de los antiguos estaban en-forma de rollos, llamándose volúmenes, de la palabra latina *volvere*, rollar.

Para formar un volúmen, se disponia el escrito en columnas perpendiculares en hojas de papyro ó de pergamino; pegábaselas despues estremo con estremo, y se les rollaba alrededor de una varita ó cilindro fijado en la última hoja. Este cilindro, al cual daban los latinos el nombre de ombligo, porque estaba colocado en el centro del volúmen, como el ombligo en medio del cuerpo humano, era por lo comun de madera, y algunas veces de hueso ó de marfil; sus estremos se hallaban con varias pinturas y adornos, concluyendo en una bola de marfil, de plata y aun de oro, en los manuscritos de lujo.

El volúmen se cerraba en seguida en un estuche, que dejaba ver el canto del rollo, en el cual se fijaba generalmente una lista ó tira de papel ó de pergamino con el título de la obra; otras veces este título y el nombre del autor se grababan en el boton del *ombligo*. Cuando formaba la obra muchos rollos, se reunian estos en un solo haz en un estuche comun.

Para preservar los volúmenes de las picaduras de los insectos ó de las roeduras de los ratones, se les frotaba con aceite de cedro, y se les metia á veces en un estuche de piel ó de pergamino, pero esto no impedia siempre que los royeran los dermestos. Plinio indica un medio seguro de preservar los manuscritos y otros objetos preciosos de los ataques de los animales destructores; tal es, dice, el envolverlos en una piel de leon.—¡Seria esto á causa del respeto que debe inspirarles el rey de los animales!—En nuestros dias, ha perdido mucho prestigio la monarquía, y los dermestos no temen atacar ni aun la piel del leon.

Un romano en su biblioteca.

Entre las pinturas recogidas en el Herculano, algunas representan volúmenes en manos de las personas que los leen.

Todos se desarrollan horizontalmente y de izquierda á derecha. La escritura se halla dividida en pequeñas columnas perpendiculares. Desarrollábanse estos manuscritos poco á poco, con la mano derecha á medida que se adelantaba en la lectura, y se rollaba de nuevo con la mano izquierda, en igual sentido, la parte leida. Los rollos se escribian por un solo lado.

Los volúmenes tenian dimensiones muy variadas; mientras unos eran apenas del grueso de una varita, otros tenian tales dimensiones, que San Jerónimo los llamaba fardos escritos. Entre los hallados en el Herculano, unos comprendian ciento diez columnas de escritura, y otros tenian mas de 20 metros de longitud.

Solo en el reinado de Tiberio se ven aparecer libros cuadrados. El poeta Marcial, en sus epígramas elogia la comodidad de los libros que llama *códices:* «Ofrecen, dice la ventaja incontestable de poderse llevar de viaje, en un pequeño paquete, obras que forman un número considerable de rollos.» Asi la *Iliada* y la *Odisea* de Homero, que se contenian en un solo libro cuadrado, no formaban menos de 48 rollos; lo mismo sucedia con respecto á la Historia de Tito Livio, cuyo número de volumenes (rollos) ascendia á ciento cuarenta.

Las hojas de los libros cuadrados estaban escritas por ambos lados, ya en toda su latitud, ya en dos ó tres columnas, segun su dimension. Haciase uso indiferentemente de papyrus ó de pergamino, y generalmente, solo despues de haber escrito en ellos se reunian las hojas de manera que formaran un libro cuadrado; poníasele despues una cubierta de lienzo ó de madera, y frecuentemente poníanseles manecillas ó se les cerraba simplemente con una cinta ó tira de piel ó de lienzo. Mas adelante, se dió á estos libros cuadrados ó códices el nombre de *liber,* de donde proviene la palabra libro.

Entre los antiguos, se daba á los libros dimensiones determinadas, atendiendo á la naturaleza de los escritos; asi, las cartas y las poesías se escribian en pequeños tamaños, reservándose el tamaño grande para la historia. Este uso se continuó por largo tiempo en Europa. En la edad media, la mayor parte de los libros eran en fólio ó en cuarto, muy pocos de menor tamaño, y parece tambien que se juzgaba del mérito de un libro por sus dimensiones, puesto que Scalígero se burla de Drusio por el pequeño tamaño de sus libros, y que el librero Juan Morel, en el siglo XVII, se queja al sabio Puteano de que sus libros son demasiado pequeños para la venta.

Los antiguos escribian, como nosotros, sus cartas en pliegos de papiro ó de pergamino de muy pequeñas dimensiones. Terminada la carta, se rollaba y ataba con una cinta, cuyos dos estremos se pegaban al papel con cera ó una especie de arcilla llamada *creta*, en la que se aplicaba el sello. En el rollo así cerrado, se ponia el nombre de aquel á quien se remitia la carta.

En Roma, servian las tablillas igualmente para el comercio epistolar. San Agustin, en una de sus cartas á Romanio, se queja de la penuria del papel. «Si hay allí algunas tablillas que me pertenezcan, le dice, te suplico que me las envies, porque me serán muy útiles actualmente.»

Los cónsules y los demás dignatarios, al tomar posesion de su cargo, hacian habitualmente regalos á sus amigos de tablillas de marfil artísticamente trabajadas, y á veces ricamente montadas en oro. Las tablillas eran uno de los objetos que se enviaban los romanos como regalo durante las saturnales, á la manera que se dan en el dia carteras y recuerdos.

Este uso llegó á ser tan costoso por el lujo que se desplegaba en él, que se encuentra en el código Teodosiano una ley que permite solo á los cónsules dar de regalo canastillos de oro y tablillas de marfil.

Los antiguos conocian el uso de los anuncios; escribíanse en letras grandes, en papel de calidad inferior. Algunos de estos anuncios han llegado hasta nosotros; puede verse uno de ellos en los escaparates del museo del Louvre; contiene *el anuncio de una recompensa á quien lleve á su dueño dos esclavos que se han escapado de Alejandria*. Este modo de publicidad tan empleado en nuestros dias, existia, pues, ya en esta época.

Pero, lo mas singular, es que existia igualmente en Roma, bajo el imperio, un diario oficial, una especie de *Monitor* ó *Gaceta*, en que se ponian todas las noticias importantes. Este papel diario se divulgaba hasta por las provincias mas remotas del imperio. Este *diurnal* ó diario, escrito en muchos millares de ejemplares, relataba los hechos memorables los discursos pronunciados en la plaza pública ó en el senado, las promociones, los edictos, las causas célebres, los espectáculos, los incendios, los rumores de la ciudad, los matrimonios, los nacimientos y los funerales. Como se ve, este periódico se asemejaba mucho á los nuestros.

Lo cierto es, que este periódico de Roma ha durado mas de cinco siglos, y que ha formado una coleccion de documentos mas ó menos verídicos de los cuales han tomado los historiadores de la antigua Roma una buena parte de lo que nos dicen sobre la caida de la república, sobre la historia política ó privada de los Césares.

A veces el papel, cuando habia servido para transcribir las producciones de los malos autores, esperimentaba la misma suerte, que en nuestros dias el papel impreso, pasando de la tienda del librero á la del tendero. «Hay libro, dice Stacio á Plocio, que solo es bueno para envolver aceitunas de Libia, pimienta de Egipto y anchoas de Byzancio.»—«Para que los atunes no carezcan de toga, ni las olivas de manto, dice Marcial, ó Musa, abandónales este papyro egipcio que me hace perder tanto tiempo.»

Los malos libros eran tratados antiguamente de un modo aun mas irreverente como nos lo da á conocer la espresion de Catulo: *cacata charta.*

CAPITULO VIII.

Escritores y copistas de la antiguedad y de la edad media.

Entre los hebreos, cuyos estudios se limitaban al de los libros santos, parece haberse confundido la profesion de copista con la de comentador. El título de copista era un título honorífico y designaba los sabios intérpretes de las Escrituras.

Entre los romanos, el cuidado de transcribir los manuscritos estaba principalmente reservado á los esclavos, y los que eran buenos copistas tenian un gran valor. Asi, era una especulacion ventajosa hacer instruir á los esclavos desde su infancia en este arte para revenderlos despues. La suerte de estos esclavos literatos era mucho mejor que la de los otros; contemplábaseles y se les miraba como una cosa de valor. Era un lujo que sostenian las gentes ricas que querían hacer ostentacion de su ciencia. Un cierto Calvisio, de que habla Séneca, poseia once esclavos literatos, cada uno de los cuales le habia costado 100,000 sextercios (25,000 francos), suma por la cual, se dice, se hubiera podido adquirir once bibliotecas.

Muy frecuentemente estos esclavos llegaban á ganarse el afecto de sus señores, quienes los manumitian adhiriéndolos de esta suerte mayormente á su persona. Tal fue Tiron, el inventor de las notas tironianas, que habiendo sido esclavo de Ciceron, llegó á ser amigo y confidente del célebre orador.

Ademas de los esclavos literatos, habia tambien copistas de profesion, y en Roma este oficio se ejercia principalmente por libertos y estranjeros, la mayor parte griegos.

Los latinos daban á los copistas el nombre de *librarii* libreros, que hacian libros; en cuanto á los comerciantes de libros que llamamos en el dia libreros, llevaban el nombre de *bibliopolos*.

Los romanos tenian talleres en que escribian muchos copistas, dictándoles un lector; de esta suerte podia obtenerse, bastante rápidamente, cierto número de ejemplares de una misma obra. Con semejante procedimiento es como se multiplicaba en muchos millares de ejemplares *El Diario del Imperio*.

Los buenos copistas fueron por otra parte raros en la antigüedad asi como en la edad media. Ciceron se queja en sus cartas de que las obras en lengua latina se trascribian de un modo tan inexacto, que no sabia á dónde dirigirse para comprar las que le pedia su hermano.

«Lector, dice Marcial, en uno de sus epigramas, si te parecen bárbaras algunas frases de este escrito, no me acuses á mí, sino echa la culpa al copista que se apresura demasiado á poner en línea versos para tí.»

No tenian que sufrir menos los autores griegos la falta de inteligencia ó de cuidado de los copistas. Strabon dice que en su tiempo, nada era mas incorrecto que los manuscritos que se vendian en Roma y en Alejandría. No debemos, pues, admirarnos del estado informe en que nos han llegado muchos autores antiguos, en los cuales se hallan pasajes incomprensibles. Repitiendo cada copista las faltas de sus antecesores y agregando á ellas otras nuevas, fácil es de comprender qué suma de errores se encuentra acumulada de siglo en siglo desde la antigüedad hasta la invencion de la imprenta. «Los yerros de los copistas, dice M. Lalanne en sus curiosidades literarias, son cómo la posterioridad de Abraham: mas fácil seria contar los granos de arena del mar.»

La falta de puntuacion ó su uso defectuoso ha ocasionado con frecuencia los mas singulares contrasentidos. Hé aquí algunos ejemplos: los escritores han pretendido que Aristóteles era judío, y esta estraña asercion provenia de una falta de puntuacion, de una version de Josefo que trae esta frase: *y este dice, Aristóteles, era judio*, en vez de: *y este, dice Aristóteles, era judio*.

Sabido es aquel dicho: *Martin perdió su asno por un punto*. Hé aquí la historia que refiere Cardan sobre ello: Un abate, llamado Martin, quiso que se escribiera en grandes caractéres en el pórtico ó fachada de su Abadía de Azello, el siguiente verso latino: *Porta patens esto. Nulli claudaris honesto*. Lo cual queria decir: Puerta, ábrete á todos; no

estés cerrada para ningun hombre honrado.» Pero el escribiente que lo escribió, ya fuese por descuido, ya por ignorancia, en vez de poner el punto despues de *esto*, lo puso
despues de *nulli*, lo cual daba un sentido contrario, y significaba en su consecuencia: Puerta, no te abras á nadie, y
ciérrate á todo hombre honrado. El Papa al pasar por esta
Abadía, se estrañó de ver este verso latino con mala puntuacion, y quitó la Abadía á Martin, creyendo que era culpa
suya, y se la dió á otro, que se apresuró á hacer cambiar el
punto de sitio. La palabra *Azello*, que es el nombre de la
Abadía de Martin, significa asno, y de aquí el dicho: Por un
punto, Martin perdió su asno.»

En la edad media se designó con el nombre de escribientes
(*clercs*) á los copistas, los monges y los eclesiásticos, que fueron los únicos que se hallaron por largo tiempo en estado de
copiar los manuscritos.

Temiendo con razon la alteracion de los textos respecto
de la doctrina, los obispos y los abades no confiaban mas que
á hombres especiales, iniciados en los dogmas de la religion,
la copia de los libros sagrados.

Los monasterios, las metrópolis, los capítulos fueron por
espacio de mas de catorce siglos los depositarios de casi todos
los monumentos escritos de la antigüedad. Los monges y los
sacerdotes copiaban la Biblia, las obras de los Padres de la
Iglesia, las colecciones de decisiones, de cánones, las fórmu-
las de las escrituras públicas, y á ellos se recurria para estender los actos ó escrituras privadas. De entre los clérigos
(*clercs*) tomaban los príncipes sus notarios, sus cancilleres;
porque ellos eran casi los únicos que sabian leer y escribir.
Hallábanse encargados por el Estado de la instruccion pública, y dirigian las escuelas y las universidades.

No es, pues, estraño que ejercieran en los entendimientos
y en las conciencias, en las opiniones políticas y religiosas
ese imperio absoluto que tiene la instruccion sobre la ignorancia, la fuerza sobre la debilidad, la riqueza sobre la indigen-
cia. El pueblo vegetaba entonces en un estado de servi-
dumbre, de tosquedad, de entorpecimiento; ignoraba sus
derechos y su fuerza; no sabia sino lo que se queria que
supiese.

En la mayor parte de los conventos ordenaba la regla la
transcripcion de los libros. Este trabajo era tambien considerado como una obra expiatoria, sobre todo cuando se tra-
taba de libros religiosos.

«Esperamos que Dios nos recompensará, dice Guy, prior
de los cartujos, por todos los hombres á quienes hayan li-

brado del error estos libros y por todos aquellos á quienes hayan afirmado en la verdad católica.»

La leyenda siguiente, referida en las crónicas de Normandía prueba la importancia que se daba á la transcripcion de los libros sagrados:

«Cierto hermano permanecia en un monasterio; era culpable de muchas infracciones á las reglas monásticas; pero era escribiente y se aplicó á la escritura, copiando voluntariamente un volúmen considerable de la ley divina. Despues de su muerte, su alma fue llevada, para ser examinada ante el tribunal del Juez equitativo. Como los espíritus malévolos dirigieran contra ella vivas acusaciones é hicieran la esposicion de sus innumerables pecados, los santos Angeles presentaban, por el contrario, por su parte, el libro que habia copiado el hermano en la casa de Dios, y contaban letra por letra, el enorme volúmen, para compensarlas por otros tantos pecados. Por último, escedió el número en una sola letra y todos los esfuerzos de los demonios no pudieron oponerle un solo pecado. Así, pues, la clemencia del Juez Supremo perdonó al hermano y ordenó á su alma que volviera á su cuerpo, y la concedió con bondad, tiempo para corregir su vida.»

Los clérigos y los religiosos de la edad media, y en particular, los de la órden de los Benedictinos, han hecho incalculables servicios á la humanidad; predicadores propagaron la palabra y los preceptos del Evangelio; trabajadores, cultivaron las inteligencias como preceptores de la juventud; copistas, nos han conservado los escritos de los antiguos. ¡Honor á la memoria de estos humildes y penitentes religiosos, que han conservado, con tanto celo, como les era dable, en estos tiempos de turbulencias y de tinieblas, la antorcha de las ciencias y de las letras! ¡Honor á ellos, que han salvado del naufragio esas maravillas del entendimiento, y que han reunido con tanto cuidado y paciencia los tesoros de que nos aprovechamos en el dia!

Los escribientes (*clercs*) se hallaban sometidos á una regla severa; debian trabajar en silencio y con aplicacion bajo la vigilancia de un bibliotecario; y para que no pudiera estorbárseles, el abad, el prior y el bibliotecario eran los únicos que tenian derecho de entrar en la sala de trabajo que llevaba el nombre de *scriptorium.*—Hállase en estas instrucciones del abate Tritheme la enumeracion de las diversas operaciones necesarias para hacer un libro.

«Que uno de vosotros corte las hojas de pergamino; que otro las alise, que otro trace en ellas las líneas que deben guiar al escritor; que otro prepare las plumas y la tinta; que uno lea y relea el libro que ha escrito el otro : que un tercero haga los adornos con tinta roja; que este se encargue

Clérigo trabajando en el *scriptorium* segun un monumento de siglo XIII.

de la puntuacion, y este otro de las pinturas; que éste pegue las hojas y encuaderne los libros con tablillas de madera. Vosotros, preparad estas tablillas; vosotros aprestad el cuero; finalmente, vosotros, las láminas de metal que deben adornar la encuadernacion.»

Este fragmento nos hace ver, ademas, que ya en esta época, se apreciaban las ventajas de la division del trabajo.

CAPITULO IX.

De los libreros de la antiguedad y de la edad media.

La profesion de librero no fue en un principio distinta de la de copista, y el escritor vendia los libros que habia copiado, asi como en el dia en nuestras provincias, la mayor parte de los impresores tienen un almacen de librería; de aquí viene que la palabra *librarius* que designaba los copistas, los que hacian libros, se aplicara despues á los que los vendian.

En el reinado de Augusto, habiendo llegado á ser mas importante el comercio de libros, los *bibliopolos* ó mercaderes de libros, llegaron á ser distintos de los libreros ó copistas. Estos entregaban al primero el manuscrito terminado, que el bibliopolo entregaba al encuadernador (*bibliopegus*). Este último pegaba las hojas de papyro ó de pergamino unas á otras, fijaba sólidamente á la última hoja el cilindro ú ombligo, sobre el cual debia rollarse el volúmen, y despues adaptaba á la parte superior del rollo la piel ó el trozo de papyro destinado á servir de cubierta. O bien, reunia y pegaba juntas las hojas cuadradas en forma de libro y las envolvia en una cubierta de lienzo ó de madera guarnecidas de manecillas de cuero ó de metal.

Encuadernado de esta suerte para satisfacer el gusto del lector ó la vista del colector, porque en aquel tiempo, lo mismo que en el dia, muchas gentes tenian libros, «menos como un alimento de estudiosa curiosidad, dice Séneca, que como un adorno de biblioteca» el libro iba á ocupar un lugar en los estantes de la tienda del bibliopolo.

Un epigrama de Marcial nos describirá tambien la tienda de un librero de su época. Dice, pues, á Luperco, que le pedia le prestara un libro que él habia compuesto.

—¿Por qué envias á buscar tan lejos lo que tienes tan

cerca de tí? Habitas el barrio de Argileto; cerca de él, en el
foro de César, hay una tienda, cuyo mostrador ó escaparate
todo abigarrado y estampado con títulos de libros, te ofre-
cerá al primer golpe de vista los nombres de todos los poetas.
Aquí es donde puedes pedirme á Atrectus (el nombre del
librero).

»Por cinco denarios (20 reales de nuestra moneda) te sa-
carán del primero ó segundo estante de la tienda un Marcial
bien condicionado, bruñido con piedra pómez.—¡Dirás que
no valgo yo tanto!—Tienes razon, Luperco.»

Aulio Gelio nos dice que estas tiendas de libreros eran
frecuentemente el sitio donde se reunian los literatos, los
ociosos y los ingenios de su tiempo : aqui era donde se sabian
las noticias literarias del dia y donde se discutia sobre puntos de gramática y de filosofía.

Las delanteras ó escaparates de las tiendas estaban, como
en el dia, cubiertos de inscripciones y de anuncios que indi-
caban los títulos y los precios de los libros que se vendian ó
alquilaban en ellos;—porque muchos pasajes de los autores
de la antigüedad nos hacen suponer que los libreros alquilaban los manuscritos á los que querian leerlos ó copiarlos.
—El interior de las librerías estaba adornado á su alrededor
de estantes de madera bastante parecidos á los que presentan en el dia las paredes de una tienda de papeles pintados;
en ellos se colocaba los volúmenes en rollos; y en cuanto á
los libros cuadrados, se les ponia en pilas encima de tablillas.

Ademas de los almacenes de libros, habia tambien en
Roma puestos de libros bajo los pórticos y en otros sitios
públicos, como los que se ven actualmente en París en las
galerías del Odeon ó en las barbacanas del Sena: Los latinos
los llamaban *stationes*, nombre que se perpetuó hasta la edad
media.

Desde el primer siglo de nuestra era, la Galia tenia librerías y libreros, como se ve por este pasaje de Plinio, el
Jóven: «No creia, dice, que hubiera libreros en Lyon; asi es
que tuve tanto mas placer en saber que se vendian allí mis
libros, y me felicito de verlos gozar en el estranjero de tanta
voga como tienen en Roma.»

El gusto por los libros se propagó en Roma bajo los emperadores, y el lujo de las bibliotecas llegó á ser una moda,
contra la cual desfogó Séneca su bilis.—¡Qué me importan
esos innumerables libros, cuyo dueño podria apenas leer
sus títulos, dedicando á ello toda su vida! La cantidad abru-
ma el entendimiento y no le instruye; mejor es atenerse á

un número pequeño de autores que estraviarse con millares de ellos... En ese conjunto de libros, no veo ni gusto mi solicitud; solo se acumulan esas colecciones por ostentacion. Asi es como muchas géntes que no saben de literatura mas que los esclavos, tienen libros, no como objetos de estudio, sino para adornar sus comedores... tienen armarios de cedro y de marfil, hacen colecciones de autores desconocidos ó despreciados en medio de esa multitud de libros, y no aprecian en todos estos volúmenes, mas que su lomo ó su canto y sus títulos.»

Los antiguos encerraban sus bibliotecas en armarios, arrimados á las paredes, como lo están habitualmente entre nosotros, ó puestos en medio de las salas, de modo que pudiera dárseles vueltas alrededor. Estos armarios eran á veces de maderas preciosas, con adornos de marfil y de vidrio. El oro y el mármol se empleaban para decorar las salas en que estaban colocados.

A veces se decoraban las bibliotecas, colocando en ellas los retratos ó las estátuas de los hombres célebres. Este uso se estableció en Roma por Asinio Polion que fue el primero, al decir de Plinio, que abriendo una biblioteca pública, rindió el genio de los grandes hombres al patrimonio de las naciones.—«Hace algun tiempo, dice, se pone en las bibliotecas, en oro, en plata, ó al menos en bronce, los bustos de los grandes hombres, cuya voz inmortal resuena por do quiera.»

CAPITULO X.

De los manuscritos y de los libros en Francia en la edad media.

Los reyes de Francia de la primer raza, hallando el papyro en uso entre los romanos, se apresuraron á adoptarlo y lo emplearon casi esclusivamente para sus diplomas, hasta fines del siglo VII. Desde esta época, cayó mas y mas en descrédito, y apenas si se podria citar un diploma de los carlovingianos escrita en papel de Egipto.

Desde el siglo VII, se escribieron los documentos en pergamino. Algunos tienen enormes dimensiones; asi el rollo del sumario contra los Templarios, que se conserva en los archivos del reino tiene cerca de 23 metros de longitud.

El mejor pergamino ó vitela se fabricaba en Oriente, y los pergamineros franceses no eran por lo comun mas que depositarios suyos.

En el reinado de Carlomagno, las letras tomaron un nuevo impulso. Aunque poco literato, como todos los guerreros de su tiempo, pues Eginardo nos dice, que Carlomagno no sabia escribir, que en vano intentó aprender en una edad mas avanzada, y que firmaba con la punta de una espada,—este gran príncipe concibió, durante sus espediciones á Italia, amor á las ciencias y á las artes; tuvo cuidado de llenar las bibliotecas de su palacio de todos cuantos preciosos manuscritos pudo recoger, y á fin de multiplicar sus ejemplares, reunió copistas é iluminadores. Protegió á los libreros, estimuló la fabricacion del pergamino en Francia, atrajo á los sabios á su córte y fundó la primera universidad de París.

La celebridad de que gozó en breve esta universidad, atrajo de todos los paises una afluencia considerable de escolares, lo cual acrecentó el uso y el despacho del pergamino y de los libros.

El grande uso del pergamino hizo de él el objeto de un comercio importante; asi, ademas de las tiendas ordinarias en que se vendia este artículo, se establecieron ferias ó grandes mercados para vender por mayor esta mercancía.

En la *feria de Lendit* que se celebraba entre París y San Dionisio, era sobre todo donde los maestros y escolares hacian su provision. La venta tenia lugar en ella bajo la inspección del rector de la universidad, que percibia un derecho sobre todo el pergamino vendido por Carlomagno.

Carlomagno fundando la Universidad de París.

«Este rector, dice Pasquier (*Investigaciones sobre la Francia*, t. IX), acudia en la época de la feria á dicho lugar, seguido de cuatro procuradores y de infinidad de maestros en artes, todos á caballo.»

Este derecho fue objeto de numerosas contestaciones entre el abad de San Dionisio y el rector de la universidad este pretendia bendecir el campo de la feria, y el abad queria que perteneciera á él solo este derecho de bendicion. Por otra parte, el abad reconocia en la universidad el derecho de tomar y de escoger el pergamino el primer dia, pero le negaba este derecho para los dias siguientes. Por último, despues de numerosos conflictos, el tribunal del Chatelet decidió que solo pertenecia al rector el derecho de exámen respecto del pergamino, y que el abate era el único que podia dar su bendicion.

Esta feria duró hasta el siglo XVII, época en la cual, la hicieron prohibir los tumultos ocasionados por las turbulencias de los estudiantes, durante las fiestas del Lendit.

Durante el largo período de las invasiones que desolaron al Oriente, los fabricantes de pergamino franceses fueron casi los únicos que estuvieron en posesion de suministrar pergaminos á las demás naciones de Europa; pero, no hallándose su fabricacion en relacion con las demás necesidades siempre crecientes, el precio de este artículo se elevó poco á poco, y en breve el pergamino se vendió á precio de oro. En ciertas comarcas de Europa, llegó á ser tan raro, en 1120, al decir del autor inglés Timperley, el monge Martin Hughe, encargado por su convento de San Edmundo's Bury de hacer una copia de la *Biblia*, no pudo encontrar en toda Inglaterra la vitela necesaria para su trabajo.

Esta carestía de pergamino en la edad media sugirió una idea fatal, que llevó un golpe mortal á las letras; tal fue la de lavar y raer los antiguos pergaminos ya escritos, para entregarlos de nuevo al comercio. Destruyóse de esta suerte por ignorancia, preciosos manuscritos, y las letras esperimentaron pérdidas irreparables. Los Diones, los Polybios, los Diodoros desaparecieron y fueron metamorfoseados la mayor parte en misales, antifonarios, homilías y otros libros de Iglesia. Dise á estos pergaminos lavados y borrados el nombre de *palimpsestos*. El sabio anticuario Montfaucon asegura, que desde el siglo XII se halló mas palimpsestos que manuscritos vírgenes. Felizmente, no todos los copistas eran igualmente hábiles para borrar las huellas de estos primeros escritos; hallábanse algunos en que se podria leer aun, por lo menos, una parte de lo que se habian querido quitar, sobre todo, haciendo revivir estas huellas por medio de procedimientos químicos.

Sabios infatigables se han esforzado, en nuestros dias, en descifrar estos palimpsestos, y á veces sus esfuerzos han sido coronados por un éxito feliz. Asi es como se ha descubierto debajo de documentos ó escrituras sin valor alguno, homilías, salmos, rasgos de los mas bellos genios de la antigüedad. El sabio cardenal Angelo Maï, entre otros, ha conseguido, con milagros de paciencia y de saber, restituirnos fragmentos muy considerables del tratado de Ciceron *De República*, cuya pérdida total se deploraba.

Estos procedimientos que hemos descrito como empleados en Roma para la transcripcion de los manuscritos, son casi los mismos que se pusieron en obra durante la edad media.

En los primeros siglos no hubo en Francia, propiamente hablando, escritores legos; el número de los que se entregaban al estudio, se hallaba entonces tan restringido, que los conventos solo bastaban para la transcripcion de los manuscritos.

Bajo Carlomagno y sus sucesores comenzó el arte á escaparse de los claustros, y dejó de ser monopolio esclusivo de los religiosos. Formáronse calígrafos é iluminadores legos, bajo la direccion y la proteccion de la Universidad que les dió estatutos y se los adhirió bajo el título de *escribientes* (*clercs*) y *libreros jurados*. Por otra parte, eran gentes hábiles, versadas tanto como podian estarlo en esta época, en las letras y las artes, y solo podian obtener este envidiado título á consecuencia de exámenes severos sufridos ante los delegados de la universidad.

Los escribientes (*clercs*) y libreros jurados de la Universidad gozaban de los mismos privilegios, franquicias y exenciones que los maestros y escolares; pero estaban sometidos al mismo tiempo á una inspeccion severa. La vigilancia de la universidad no se limitaba solamente á fijar el precio de cada obra puesta en venta por el librero, sino que se estendia hasta al derecho de examinar el contenido de la obra, para corregir sus inexactitudes, y aun tratar con rigor á aquellos que hubieran sido culpables de proposiciones mal sonantes. Esta era una verdadera censura.

No parece, sin embargo, que esta vigilancia fue muy severa, á juzgar por algunas quejas sobre la moralidad de los libros que circulaban entonces.

Asi, el canciller de la universidad, Gerson, en un sermon que pronunció contra los malos libros, declara hablando del *Romance de la Rosa*, atribuido á Juan de Meung, que vivia hácia 1300, que si poseyera el último ejemplar de este libro, preferiria quemarlo, aun cuando por él le ofrecieran 1,000 escudos.

En las grandes festividades en que figuraba la Universidad, los escribientes y los libreros jurados tomaban lugar, así

como los fabricantes de pergamino, en la procesion general
con todas las demás órdenes del cuerpo universitario, caminando bajo la bandera de San Juan *Ante-Portam-Latinam*,
patron elegido por ellos.

«Cada librero debia fijar en un sitio patente de su tienda
el catálogo completo de sus libros, con el precio tasado por
la universidad.»

«No debia vender ni comunicar ningun ejemplar antes de
haberlo sometido al exámen de los censores.»

«No debia deshacerse de su fondo de librería ni enagenarlo
sin autorizacion.»

Si contravenia un librero á uno de estos artículos, era
privado de su cargo hasta decision contraria de la Universidad.

Por causa del precio elevado de los manuscritos, se hallaban entonces mas lectores que compradores, mas gentes en
estado de gastar largas horas para leer ó copiar un libro, que
ricos aficionados á ellos dispuestos á dar su precio. El arrien-
do era, pues, una de las ramas del comercio de librería, y
hasta era obligatorio; un artículo de los estatutos de la Universidad estaba concebido en estos términos:

«Ningun librero podrá rehusar los ejemplares de un libro
á quien quiera trascribirlo, mediante una caucion suficiente
y la retribucion fijada por la Universidad.»

Ademas de los libreros jurados, habia tambien cierta clase
de corredores de librería, ó mas bien, libreros de viejo que
tenian tiendas de libros; tambien vendian pergamino, plumas, y tinta, y se les llamaba *stacionarios* de la palabra
statio que daban los latinos á esta especie de depósitos. Esta
palabra se ha conservado en Inglaterra donde *stacioner* significa papelero.

Muchas calles de París llevaban aun en el siglo XV el
nombre de calle de los Pergamineros ó de la Pergaminería,
una sola de las cuales existe hoy en el quinto distrito, en
razon al gran número de *vendedores* de pergamino que tenian tiendas en ella.

CAPITULO XI.

De los iluminadores y encuadernadores en la edad media.

El arte de ilustrar los libros no era desconocido de los antiguos. Plinio nos dice, en efecto, que los médicos Metrodoro y Cretevas habian agregado á sus obras el dibujo de las plantas que se describian en ellas; y segun el mismo autor, Varron habia publicado muchas obras, en las cuales inscribió, valiéndose de un medio nuevo, los retratos de personajes ilustres. Desgraciadamente estas obras no han llegado hasta nosotros. Pero no se necesita mas para probar que el arte de la ilustracion fue conocido de los antiguos, y que no es necesario buscar en otra parte que en los ricos manuscritos de la Roma imperial un precedente de las preciosas iluminaciones de los libros de la edad media.

Los emperadores bizantinos insistieron en este lujo de los libros, que de Constantinopla, no tardó en introducirse en las bibliotecas de los príncipes carlovingianos.

Las tintas de color, el oro y la plata eran las especialmente destinadas á la ilustracion de los manuscritos. Hacíase uso de ellas para las letras iniciales; las primeras líneas, las notas marginales, y particularmente para los títulos que se escribian ordinariamente con color encarnado ó rojo, de donde proviene el nombre de rúbricas. Las tintas rojas y azul han sido los mas en voga; en muchos manuscritos se las ve alternar en los principios de los capítulos; las letras iniciales rojas van acompañadas de adornos azules y las letras azules de adornos rojos.

En Francia, no se advierten adornos é iluminaciones antes del siglo VI. En esta época, las letras de adorno empleadas para los títulos de las obras y para las iniciales de los capítulos, recibieron las formas mas estrañas y mas variadas.

Unas veces representaban personajes grotescos; otros, animales; otras, flores, plantas, etc.; á veces ocupan una página entera. En general, el calígrafo no era encargado de la decoracion del manuscrito, sino que dejaba esta tarea al iluminador.

Carlomagno hizo venir de Oriente y de Italia iluminadores que divulgaron en Francia el gusto á la miniatura. Tenemos muchos manuscritos como espécimen de este arte: tales son las *Horas ó libro de rezo de Carlomagno* que posee el Louvre, el *Evangeliario de San Riquier*, en Avebille, la *Biblia de Carlos el Calvo*. En el siglo XII se enriqueció la iluminacion con un nuevo género de adornos, las armaduras que acababan de poner en moda los cruzados; y este arte llegó poco á poco á un alto grado de perfeccion, como lo prueban multitud de manuscritos célebres, entre otros la *Biblioteca de San Martin*, de Limoges, que por sus delicados adornos atestigua el nuevo arte que va a desarrollarse. En el siglo XIV aparecian las grandes obras que quedaron como monumentos célebres del arte en esta época. Tal es la *Ciudad de Dios* de San Agustin, obra maestra de gracia y de ornamentacion; tal es la espléndida *Biblia* que posee la biblioteca Richelieu; este maravilloso manuscrito no contiene menos de cinco mil veinte y dos cuadros con todas las capitales de oro y de *ultramar* ó azul. Semejantes obras ocupaban la vida de un hombre, y aun no era suficiente para adornar, pintar ó iluminar estas maravillas. Cuando se abren estos grandes libros, parece que se quita el velo súbitamente á las brillantes vidrieras de las elevadas catedrales con sus ejércitos de figuras, arabescos, flores, frutos, estrellas, etc. Se calcula que esta Biblia costaria en el dia mas de 10,000 francos. ¡Dónde se hallaria actualmente semejante lujo para los libros!

El siglo XV nos ofrece tambien magníficos manuscritos: *La Crónica de Cárlos VII*, por Juan Chartier, religioso de San Dionisio; *Las Horas de Cárlos VIII*, las de *Ana de Bretaña*; el *Breviario del buen rey Renné*; las *Antigüedades de los Judios*, maravillosamente iluminados por el duque de Borgoña; por el pintor del rey Luis XI; despues, una multitud de misales, antifonarios, horas y oficios de la Vírgen; verdaderas obras maestras, los mas encantadores espécimens del arte francés en la edad media, en su mas pura y su mas espléndida espresion.

En esta época, el libro era una cosa sobrado preciosa para no usar con él todos los medios de conservarlo, y como la encuadernacion es una de las mejores condiciones de su duracion, se puso en ella un gran cuidado.

Miniatura de un devocionario del siglo XV.

Ya hemos visto que entre los antiguos, los libros cuadrados se cubrian en general con un trozo de lienzo ó en un estuche de madera.

El Bajo–Imperio introdujo un gran lujo en las encuadernaciones. Desde el siglo IV, se vió libros cubiertos con cuero rojo, azul, verde, ó amarillo, decorados frecuentemente con adornos de plata y de oro. San Jerónimo esclama con este motivo: «Los libros se hallan revestidos de oro y de piedras preciosas, y Cristo desnudo muere á las puertas de las iglesias.»

En un principio se empleó tablillas de madera, cubiertas con ricas telas, tales como el raso, el damasco, el terciopelo de diferentes colores, despues el cuero, el cordoban, adornados con clavos y placas de oro, de plata, de vermellon y con colores, divisas, armaduras, etc.: casi todos los libros encuadernados de esta suerte, se cerraban con manecillas de metal. Mas adelante, en los siglos XIV y XV, llegaron á ser las encuadernaciones verdaderos objetos de arte; los artistas ejercitaron su talento en misales y otros libros de iglesia, que revistieron con tablillas de madera y de marfil cinceladas con arte y á veces tambien incrustadas con piedras preciosas.

Todos estos magníficos manuscritos, tan brillantes de miniaturas y adornos, atestiguan el gusto de entonces para las bellas artes y las bellas letras. Toda persona que gozaba de una gran fortuna, consagraba parte de ella á este lujo desconocido en nuestros dias.

Estas pinturas y estas encuadernaciones habian elevado el precio de los libros á una tasa escesiva; los bellos manuscritos eran tan raros, tan queridos y tan preciosos del siglo XII al XV, que se vendian por medio de contratos como los bienes inmuebles, y se les daba en dote, en prenda y en herencia.

Es difícil, vistas las variaciones del sistema monetario, concebir una idea exacta del valor de los libros de esta época; pero, en general, se puede decir, que el precio medio de un volúmen en folio de entonces equivalia al de las cosas que costarian hoy de cuatro á cinco francos. Hé aquí algunos curiosos ejemplos de los precios pagados por los manuscritos:

Mabillon refiere, que Grecia, condesa de Anjou, compró en el siglo XI una coleccion de Homilías d'Haimon d'Alberstadt por doscientas ovejas, una fanega de trigo, otra de centeno y cierto número de pieles de marta.

W. de Howton vendió en 1176, al abad de Croxton, una Biblia por 50 marcos de plata. Cerca de 833 francos.

En 1400, se vendia en París por 50 marcos de plata una copia del *Romance de la Rosa.*

Las Horas que Cárlos VIII dió á la duquesa de Borgoña habian costado 600 escudos.

En 1450, el cardenal Picolomini pagó tres volúmenes de Plutarco en 80 escudos, y Leon X compró por 500 zequíes los cinco primeros libros de Tácito.

San Marcos; encuadernacion de marfil del siglo XIV.

Por esto se comprenderá, que el valor de los manuscritos pudieran tentar la codicia de los ladrones; asi vemos emplear los propietarios de libros, para defenderlos del hurto, medios que deberian ser de dudosa eficacia.

Hállanse al final de muchos manuscritos inscripciones conminatorias como esta: «Quien hurtare este libro, sea escomulgado y escluido de la Iglesia,» ó bien esta: «Si alguno robase este libro con violencia, con fraude ó de cualquier otro modo, cáusele su delito la perdicion de su alma; sea borrado del libro de la vida, y no se escriba su nombre entre el de los justos.»

Sabido es que esta costumbre se conservó hasta nosotros en los colegios. Los escolares escribian generalmente en sus libros imprecaciones burlescas contra los que se los robaban ó no se los volvian despues:

Si tentado del demonio
me quitases este libro,
sabe que todo bribon
es de aquesta vida indigno.

ó bien estos versos macarrónicos:

Aspice á Pedro pendido
quod librum no ha restituido;
si librum reddidisset
Pedro colgado non fuiset.
etc., etc.

CAPÍTULO XII.

De las bibliotecas antiguas y de la edad media.

La biblioteca mas antigua de que se hace mencion en la historia, es la que el rey de Egipto Osymandias habia colocado én su inmenso palacio de Thebas.—«En la puerta de la biblioteca sagrada, refiere Diodoro de Sicilia que se leian estas palabras: *Remedios del alma.*»

Entre los griegos, la primer biblioteca la formó Pisistrato. Los atenienses trabajaron con celo en enriquecer esta coleccion y la aumentaron considerablemente, pero cuando se tomó la ciudad por Xerxes, que la hizo entregar á las llamas, se trasladaron todos los libros á Persia. Cítase tambien las bibliotecas griegas de Polycrato, tirano de Samos y la de Aristóteles, que despues de haber pertenecido á Theophrasto y á Neleo, fue comprada por Tolomeo Filadelfo.

La biblioteca de Alejandro, la mas célebre de la antigüedad, fue fundada por Tolomeo Soter, cerca de tres siglos antes de nuestra era. Esta magnífica coleccion fue aumentada sucesivamente por Tolomeo, y sobre todo por Evergetes II, que empleó un medio poco legítimo para aumentar sus riquezas: tal era el de hacer embargar todos los libros que entraban en sus estados y enviarlos al museo de Alejandría, donde los trascribian los copistas de este establecimiento; despues daba estas copias á los propietarios de los libros y guardaba los originales: lo mismo hacia con los libros que tomaba prestados. Segun el dicho de Aulo Gelio, esta célebre biblioteca llegó á contar hasta 100,000 volúmenes.

Cuando César se apoderó de Alejandría, parte de la biblioteca pereció en las llamas.

La biblioteca de Pergamo, fundada por Eumenes, hijo de Attalo, en el siglo II antes de nuestra era, contenia, segun

Plutarco 200,000 volúmenes. Marco Antonio se la regaló á la reina Cleopatra que la agregó á lo que restaba de la biblioteca de Alejandría. Esta segunda biblioteca de Alejandría, encerrada en el templo de Serapis, subsistió hasta la destruccion de este monumento bajo Teodosio, y contaba entonces cerca de 500,000 volúmenes.

No debemos, sin embargo, dejarnos imponer por estos números de 200, 500, 700,000 volúmenes; porque estos volúmenes ó rollos contenian infinitamente menos materia que muchos libros ordinarios. Cada volúmen contenia, en efecto, no una obra entera, sino un solo libro de una obra. Asi las obras de Homero no formaban menos de 48 rollos, y las de Tito Livio tenian 140.

La literatura y los libros no fueron estimados en Roma hasta mas adelante. La primer coleccion de libros algo notable que se vió en Roma es, segun San Isidoro de Sevilla, la que llevó Paulo Emilio el año 160 antes de Jesucristo, despues de la derrota de Perseo. Asinio Polion fue quien fundó la primer biblioteca pública en Roma, la cual se hallaba colocada en un templo de la Libertad. Augusto fundó una en su mismo palacio, que tomó el nombre de biblioteca palatina. La mayor parte de los emperadores fundaron tambien bibliotecas; Domiciano, entre otros, hizo venir de todas partes libros y envió á Alejandría copistas para trascribir varias obras. Pero este indigno padre de Tito no hizo gran uso de ellos por sí mismo; porque pasaba su tiempo, segun se dice, en matar moscas con un punzon, lo cual dió motivo á que preguntado Prisco si habia alguien con el emperador, respondiese: «Ni una mosca.» Este dicho le costó la vida.

En el siglo IV, segun dice Publio Victor, habia en Roma veintinueve bibliotecas públicas.

Muchas ciudades poseian colecciones de libros debidos á la munificencia de algun particular; testigo la de Como, fundada por Plinio el Jóven, que le asignó ademas 100,000 sestercios (100,000 reales) para su sostenimiento.

En el siglo III, se agregó una biblioteca á la Iglesia de Jerusalen, y desde esta época no se fundó iglesia alguna sin estar provista de una coleccion de libros. Desgraciadamente, la mayor parte de estas colecciones pereció; porque, en cuanto se suscitaba una persecucion, el primer cuidado de los paganos era quemar las iglesias y los libros de los cristianos, y éstos, debemos confesarlo, en cuanto estaba asegurado su triunfo, usaban á veces ámpliamente de represalias.

En el siglo IV, cuando se trasladó á Constantinopla la silla del imperio, se enriquecieron las bibliotecas de esta ciudad con los despojos de las demás comarcas. La fundada por Teodosio el Jóven, llegó á hacerse en breve célebre por su riqueza. Cítase preciosos manuscritos de ella, algunos de los cuales ofrecian un lujo inaudito. Veíase allí, entre otros, segun se dice, una copia de los Evangelios, en letras de oro sobre vitela purpúrea encuadernada con placas de oro del peso de 15 libras y sembrada de pedrería. Habia empleados en esta biblioteca varios copistas y profesores, bajo las órdenes de un bibliotecario-principal, llamado ecuménico á causa de sus vastos conocimientos, y se hallaban constantemente ocupados en copiar y coleccionar los manuscritos raros y notables.

Este magnífico establecimiento no tenia igual en el mundo entero, cuando en 730, el emperador Leon III el Isauriense, no habiendo podido inducir ni con sus promesas ni con sus amenazas al bibliotecario ecuménico á declararse contra el culto de las imágenes, hizo poner fuego á la biblioteca, quemando á un mismo tiempo libros, bibliotecario y profesores. Estas persecuciones iconoclastas repetidas con frecuencia con los mismos rigores insensatos, fueron una de las causas mas activas de la destruccion de los libros, y en breve las artes, arrojadas del Oriente por la intolerancia religiosa, se refugiaron á los claustros de la Europa cristiana.

El fiero Omar, uno de los mas terribles propagadores del islamismo, y que destruyó á millares los templos y las bibliotecas, es considerado no obstante, injustamente, como el autor del incendio de la famosa biblioteca de Alejandría, que no existia ya en esta época. Los pormenores referidos sobre este asunto, deben aplicarse á los libros sagrados y científicos de los Persas. Cuando los musulmanes conquistaron las provincias de la Persia, dice Ebn-Kaldonn, autor árabe del siglo VIII, su jefe Saad hizo preguntar al califa Omar lo que debia hacer de estos libros que habian caido en su poder: «Si lo que contienen es conforme al libro de Dios (el Coran), respondió Omar, este libro los hace inútiles; si por el contrario, lo que encierran es opuesto al libro de Dios, son perjudiciales. Hacedlos, pues destruir.» En su consecuencia Saad los hizo entregar á las llamas; pero no se les empleó como han dicho algunos autores en calentar durante seis meses los cuatro mil baños que existian en la ciudad.

En una época en que cada ejemplar de un libro requeria mucho tiempo é infinitos cuidados, la pérdida de una obra ó de un manuscrito era eternamente deplorada, de suerte que se entregaba justamente á la exageracion la memoria de los que habian destruido estos productos del ingenio humano.

Las bibliotecas de Cartago, las del palacio de Tiberio, bajo
Neron, del Capitolio, bajo Commodo, y otras muchas no menos famosas fueron destruidas por incendios.

No es de estrañar, despues de tales hechos, que haya llegado hasta nosotros la literatura antigua en un estado tan in-
completo. Escritos de multitud de autores citados por otros
se han perdido completamente. Strabon cita doscientos veinte
autores; Plutarco quinientos nueve, Clemente de Alejandría
seiscientos, y Atheneo mas de nuevecientos. Apenas cincuenta de estos autores eran conocidos en la edad media, y
gran parte de ellos nos es aun desconocida en el dia, á pesar
de los beneficios de la imprenta. De Píndaro, de Esquilo, de
Sofocles solo nos quedan algunos trozos; de una multitud de
otros muchos, tales como Polybio, Tito Livio y Tácito, solo
tenemos obras mutiladas. El único manuscrito de Tácito que
existe, ha sido encontrado en un convento de Westfalia, y
este manuscrito apenas nos ha conservado la mitad de los escritos de este gran historiador.

Desde el siglo V, se hace mencion de las bibliotecas de
Francia, pero, en esta época vió la Europa renovarse con
frecuencia los desastres causados por las primeras invasiones
de los bárbaros. Los daneses y los normandos ejercieron hor-
ribles devastaciones saqueando é incendiando las iglesias y
los conventos, y con ellos, las bibliotecas que contenian.

En el siglo IX, por do quiera que se establecieron escuelas,
debió formarse al mismo tiempo una biblioteca mas ó menos
considerable. Carlomagno habia fundado una biblioteca en el
monasterio de San Gallo, y reunido por sí mismo libros en la
isla Barba, cerca de Lyon, y en Aquistran; pero por su testamento los hizo vender en beneficio de los pobres. Existia
ademas una biblioteca de la Audiencia, en París, que se conservó y aumentó por sus sucesores.

El siglo IX fue por otra parte una época de renacimiento
para las ciencias y las letras en todas las partes del mundo
civilizado. Cuando se calmó el fanatismo de los árabes, dice
Gibbon, quisieron los califas conquistar las artes mas bien
que las provincias del imperio; el cuidado que se tomaron
para adquirir luces, reanimó la emulacion de los griegos;
éstos registraron sus libros olvidados por largo tiempo. Leon
el Filósofo y Constantino Porphyrogenetes, su hijo, hicieron
volver á florecer la literatura en Byzancio. Por todas partes
donde se establecieron los árabes, propagaron el gusto de las
ciencias y de las letras.

A mediados del siglo XIII, San Luis trató de fundar una
biblioteca pública, reuniendo en ella todos los libros útiles y

auténticos que pudo hallar de las Sagradas Escrituras; pero despues de su muerte, se distribuyó esta coleccion entre muchos conventos. Cárlos V, fue en realidad el primero que trató de fundar una biblioteca con el objeto de trasmitirla á sus sucesores. Este príncipe hizo depositar á este efecto, todos los libros que pudo reunir en una de las torres del Louvre, que se llamó por esta razon *Torre de la Librería*. Los libros ocupaban en ella tres pisos y se hallaban colocados con arte. Para conservarlos preciosamente quiso Cárlos V que se cerraran con barras de hierro y vidrios pintados todas las ventanas de su biblioteca; y para que pudiera trabajarse á todas horas, se colocó de órden suya en la bóveda, treinta pequeños candeleros y una lámpara de plata que ardian toda la noche. Los artesonados de las paredes eran de madera de Irlanda, y estaban embellecidos con esculturas en bajos–relieves. Segun el *Inventario de los libros del Rey nuestro Señor, del palacio del Louvre*, catálogo hecho de órden de Cárlos V, esta biblioteca contenia un total de nuevecientos diez volúmenes, número notable en un tiempo en que las letras no habian hecho aun mas que medianos progresos en Francia, y donde, por consiguiente, eran los libros mas raros.

Despues de la muerte de Cárlos VI, cuando eran dueños de París los ingleses (1425), el duque de Bedford se los apropió y los hizo trasladar á Inglaterra.

La biblioteca de los reyes de Francia no fue reconstituida hasta el tiempo de Luis XI, que hizo reunir las colecciones esparcidas en los palacios reales, aumentándolas sucesivamente con las del duque de Guyena y de los duques de Borgoña, despues de la muerte de Cárlos el Temerario; esta última era una de las mas ricas de Europa. Cárlos VIII y Luis XII, agrandaron esta biblioteca á costa de la Italia.

A pesar de los esfuerzos de algunos ilustrados ingenios, las bibliotecas y los libros fueron sometidos á rudas pruebas durante toda la edad media. En el siglo XI, la biblioteca de los califas de Egipto fue saqueada y quemada por los turcos; segun se dice, contenia mas de un millon de volúmenes. En los siglos siguientes, las querellas religiosas y las guerras civiles no fueron menos funestas á las bibliotecas. En todo tiempo se ha hecho guerra á los libros y á las ciencias lo mismo que á los hombres. Los paganos quemaron los libros de los cristianos, de los judíos y de los filósofos; los judíos quemaron los libros de los cristianos y de los paganos, y los cristianos quemaron los libros de los paganos y de los judíos. Mas adelante, los católicos quemaron los libros de los protestantes y éstos entregaron á las llamas los de los católicos.

El cardenal Ximenez de Cisneros en la toma de Granada, hizo arrojar al fuego, para el mayor bien de la religion, todos los libros musulmanes y una multitud de manuscritos árabes. Los puritanos de Inglaterra quemaron infinidad de monasterios é iglesias, y Cromwel, el protector, hizo quemar la biblioteca de Oxfort, que era una de las mas ricas de Europa. Finalmente, para cerrar esta triste lista de los autos de fé, citaremos en el siglo XVII, la destruccion de los archivos del Nuevo Mundo.

«Como la memoria de los acontecimientos, dice Robertson, se habia conservado entre los mejicanos por medio de figuras pintadas en pieles, en lienzos y en cortezas de árboles, los primeros misioneros, incapaces de comprender el significado de estas figuras, y admirados de sus estrañas formas, las miraron como monumentos de idolatría que era prèciso destruir para facilitar la conversion de los indios; y todos estos archivos de la historia de Méjico fueron amontonados y entregados á las llamas.» La pérdida de estos monumentos literarios é históricos es tanto mas sensible, cuanto que con ellos desapareció la esperanza de tener noticias positivas sobre la lengua y la historia de los antiguos pueblos de estas comarcas.

¡Tiempo era ya de que la invencion de la imprenta viniera á remediar todos estos azotes y á salvar estas glorias del pensamiento, estos monumentos del ingenio humano!

CAPITULO XIII.

Introduccion del papel en Europa.

Mucho tiempo hacia ya que el papel de algodon habia destronado al papyro en Oriente, cuando hizo aquel su aparicion en Europa, á fines del siglo VIII; pero solo muchos siglos despues fue cuando principió á reemplazar al pergamino en el comercio.

La sustitucion del papel al pergamino fue para la civilizacion un acontecimiento fecundo en felices resultados, puesto que ponia en adelante al alcance de todos un precioso producto que hasta entonces no habia sido accesible mas que á muy reducido número de personas.

Los chinos conocian el arte de fabricar papel de pasta muchos siglos antes de nuestra era, y sabido es que empleaban diversas sustancias las principales de las cuales eran las fibras del bambú y del moral y la borra de seda.

El uso de estos papeles se estendió de las comarcas orientales del Asia á la Persia, y fue adoptado por los árabes, cuando se apoderaron de este pais, en 652. Pero los árabes restituyeron al bambú y á la seda el algodon, mas comun en su pais, y este nuevo producto se esparció en todo el Oriente, despues en todo el Mediodía de Italia, con el nombre de *charta bambycina* que designaba, primeramente el papel de bambú ó de seda. Despues tomó el nombre de *charta damascena* ó papel de damasco, porque en esta ciudad existia una célebre manufactura de este producto.

Este papel se hacia con algodon machacado, reducido á pasta, el cual, tendido en un bastidor, se desaguaba y daba hojas de un papel sólido, capaz de resistir el impulso de la pluma y propio para formar un libro.

Los árabes, que hacia largo tiempo habian naturalizado el

algodonero en el Norte del Africa, intentaron introducir su cultivo en España, hácia el año 760, y con él la fabricacion del papel de algodon.

Este papel de algodon se difundió en las demás comarcas de Europa haciéndose uso de él hasta que los españoles, reconociendo que podian servirse del lino, muy comun en el reino de Valencia, imaginaron emplearlo, asi como los trapos de lienzo para fabricar papel, en vez del algodon cuyo cultivo prosperaba dificilmente entre ellos, y que estaban obligados á sacar de paises estranjeros.

El reino de Valencia es la primer comarca de Europa, donde se ha hecho papel de trapos, y parece haber conservado por largo tiempo cierta superioridad en esta industria. Un autor árabe, Edrisi, que vivia á mediados del siglo XII, dice que en Xátiva (hoy San Felipe), no lejos de Valencia, se produjo tan buen papel cual no se encontraria mejor en el universo.

Este papel de trapo de hilo, ofrecia en efecto, grandes ventajas sobre el de algodon, por su solidez y duracion, ventajas incontestables que pesan aun en el dia.

En el siglo XIII fue cuando el papel de lino ó de trapo comenzó á difundirse en Francia. Segun ciertas tradiciones, sus primeras manufacturas se establecieron en Francia en el reinado de San Luis, en tiempo de las cruzadas, por tres habitantes de Auvernia, que, durante un largo cautiverio, aprendieron los procedimientos empleados por los árabes para hacer papel, y los propagaron en su pais natal. Llégase hasta citar sus nombres: llamábanse Montgolfier, Malmenaide y Falguerolles, nombres célebres en la industria de la papelería; pero no se sabe nada de positivo acerca de esto.

Conócense diversos manuscritos sobre el papel del siglo XII, entre otros, un tratado de paz concluido en 1178, entre Alfonso II de Aragon y Alfonso IX de Castilla, que existe en los archivos de Barcelona. El manuscrito mas antiguo francés sobre el papel en cifras que se conoce en el dia, es una carta del señor de Joinville al rey Luis IX, de fecha de 1270.

No debe creerse, sin embargo, que el papel de trapo, no obstante las ventajas que ofrecia sobre el pergamino, haya acabado súbitamente con el uso de éste. Por útiles que sean, las invenciones nuevas no se introducen ordinariamente sin dificultad. El pergamino continuó reservándose para la expedicion de documentos y para los manuscritos de alguna importancia; y hasta se prohibió á los notarios servirse del papel para las escrituras públicas.

La fabricacion del papel no comenzó á tomar importancia

en Francia hasta despues de la invencion de la imprenta. En Troyes, en el Aube, en Essonnes, cerca de Paris, fue donde se establecieron, á fines del siglo XIV, las primeras manufacturas cuya existencia se haya comprobada formalmente.

Este producto llegó en breve á una perfeccion doblemente notable, si se piensa que se perfeccionó en el mismo siglo en que iba á inventarse la imprenta por Guttemberg, y que parecia enteramente apropiada á las necesidades de esta maravillosa invencion. «Hay en esto, dice M. Egger, una de esas coincidencias en que ciertos talentos no quieren ver mas que un efecto del azar, y en que el buen sentido, de acuerdo con el espíritu religioso de la humanidad, reconocerá siempre la accion misteriosa de la Providencia que gobierna nuestros destinos.

SEGUNDA PARTE.

DESCUBRIMIENTO DE LA IMPRENTA.

CAPITULO PRIMERO.

Transicion del arte de los manuscritos al de la imprenta.

No sin admiracion se vé cuánto se acercaron los antiguos al descubrimiento de la imprenta sin conseguir su objeto; porque, no es admisible que, como pretende Israeli, los grandes hombres entre los romanos, tuvieran conocimiento de este arte, habiéndolo tenido oculto por política, por calcular los inmensos peligros que podia ocasionar este descubrimiento.

Sin hablar de los chinos, que imprimian por medio de planchas grabadas, trescientos años antes de Jesucristo, los antiguos conocian los principios de la imprenta. En efecto, los griegos y los romanos grababan letras, cifras, leyendas en sentido inverso, que imprimian en caliente ó en frio en pan, en ladrillos y hasta en la frente de sus esclavos fugitivos. Hánse descubierto estos caractéres en las ruinas de Herculano, y estos tipos esculpidos al revés, se reproducian en su sentido verdadero en los objetos marcados de esta suerte. Conocían tambien el principio fundamental de la imprenta, la movilidad de los caractéres, puesto que, segun algunos pasajes de San Jerónimo y de Quintiliano, se vé que los antiguos enseñaban á leer á sus hijos por medio de letras de relieve sueltas y separadas. «Es bueno, dice Quintiliano, escitar el celo de los niños dándoles por juguetes letras figuradas de marfil... Los maestros, cuando juzgan que los niños han retenido suficientemente las letras en el órden en que se ha acostumbrado á escribirlas, invierten y trastornan todo el alfabeto para que sus discípulos logren reconocerlo por su forma y no por su órden.»

En cuanto á la impresion húmeda tambien la conocian;

porque está fuera de duda que las pinturas de los vasos etrus-
cos se aplicaban por medio de láminas separadas ó sueltas, y
los egipcios emplearon el mismo procedimiento para imprimir adornos de color tan regularmente trazados como se vé
en las cajas de sus momias.

Hé aquí un curioso pasaje de Plutarco, aun mas conclu-
yente:

«Viendo Agesilao desanimados á sus soldados,» dice el autor griego, «escribió en el hueco de su mano y al revés la
»palabra VICTORIA; despues, tomando del adivino el hígado de
»la víctima, aplicó á él la mano escrita de esta suerte por
»debajo, y teniéndola apoyada el tiempo necesario, fingió ha-
»llarse abstraido en sus meditaciones hasta que quedaron im-
»presos en el hígado los caractéres de las letras. Entonces,
»mostrándolo á los que iban á dar la batalla, les dijo que por
»esta inscripcion los dioses les presagiaban la victoria, que
»obtendrian en efecto.»

Los antiguos no tenian pues que dar mas que un paso para
descubrir la imprenta, y solo catorce siglos despues se rea-
lizó, con infinitas dificultades, la idea de reunir y combinar
las letras del alfabeto, idea que hoy nos parece tan sencilla.

El emperador Justino, que fue en un principio un simple
aldeano, no sabiendo escribir, hizo abrir, en una delgada lámina de oro las letras de su nombre, y cuando queria firmar,
aplicaba esta lámina al papel, y pasaba la pluma por el hueco
que formaba estas letras.

Carlomagno y Guillermo el Conquistador, que como Justino ignoraban las letras, imprimian en sus cartas su sello
mojado en tinta.

Los iluminadores y los decoradores de libros en la edad
media, imprimieron tambien con patrones de letras abiertas
en ellos las letras y los adornos en tintas de diversos colores
en los manuscritos.

Ya hemos visto que en tiempo de Plinio, Varron, *inventor
de un beneficio que envidiarian los mismos dioses,* para servirnos de sus propias espresiones, encontró el medio de insertar en sus libros los retratos de los personajes ilustres.
Este nuevo medio, «desconocido hasta entonces,» debia ser
una impresion valiéndose de caractéres grabados en relieve
en una plancha de metal ó de madera, segun el actual sistema de nuestro grabado en madera.

Este arte se practicaba en China hacia muchos siglos y no
es imposible que el sabio Varron tuviera conocimiento de él.
Parece no obstante que éste no lo vulgarizó, puesto que no
se vé que se empleara despues de él.

Los naipes, que se inventaron á principios del siglo XIV, y no, como se ha dicho, para curar la locura del rey Cárlos VI, se fabricaron en un principio por medio de patrones separados, al través de los cuales se trazaban rasgos que se iluminaban despues. Pero hácia 1400, para fabricarlos con mas celeridad y mas equitativamente, se imaginó grabar piezas de madera de relieve para imprimir los naipes. Tal fue el orígen de la xylografía ó grabado de madera en Europa.

En Holanda, donde se propagó especialmente esta industria, se aplicó desde luego á imágenes de devocion. En la biblioteca de Harlem se conserva esta clase de estampas del mismo tamaño que los antiguos naipes. Agrandóse despues el tamaño de estas planchas grabadas, y se imprimió en ellas diferentes asuntos de la historia sagrada con un texto esplicativo al lado ó encima de la imágen. Las figuras que están representadas en ellas se hallan toscamente trazadas, segun el gusto gótico, asi como la esplicacion latina en prosa rimada que acompaña á cada figura.

El grabado mas antiguo en madera que se conoce, data de 1418. Representa á la Vírgen y al niño Jesus en un jardin, en medio de cuatro santas, Santa Catalina, Santa Dorotea, Santa Bárbara y Santa Margarita. En primer término hay una empalizada de madera, en medio de la cual está el milésimo 1418.

Otro grabado acompañado del texto y que lleva la fecha de 1423, representa á San Cristobal, que pasa la mar con el niño Jesus. En él se lee una inscripcion latina que puede traducirse de esta suerte:

Quien hoy vea á San Cristobal
no morirá el año mil
cuatrocientos veintitres.

promesa que debió contribuir mucho al buen éxito de esta estampa.

Algunos de estos grabados primitivos se dibujaron y abrieron por Wolgemuth, que fue el maestro de Alberto Durero. Pasóse muy pronto á asuntos históricos y á series enteras, añadiendo á ellos un texto grabado de la misma suerte. Tal fue el orígen de los *libros de imágenes* ó estampas de que poseen curiosos ejemplares muchas bibliotecas de Europa.

El buen éxito de estos libros fue rápido é inmenso, puesto que se vé formarse á esta época las corporaciones de los *talladores de madera* ó de *imágenes*.

Para grabar estas planchas de madera era preciso dibujar primeramente el asunto con la pluma, ó calcarlo en madera;

despues, quitar delicadamente todo lo que debia quedar en blanco y hueco, conservando de relieve todos los rasgos que forman el dibujo, porque el relieve solo estampa en la impresion los rasgos sobre el papel. Tal es la imprenta china ó nuestro grabado en madera actual. En la impresion de imágenes y naipes se cargaba de negro la plancha de madera, se aplicaba encima un pliego de papel húmedo, á fin de que se pegase mas fácilmente al relieve; se pasaba despues por el papel un cepillo de crin ó de lienzo, y se frotaba ó apretaba el papel sobre la plancha, apareciendo entonces en el papel marcada la imágen. Estos pliegos solo se imprimian por un lado, porque no se hubiera podido imprimir el reverso del pliego cargado ya de tinta, sin borrar este primer lado; en seguida se pegaban estos pliegos unos á otros, reverso con reverso. Estos libros, curiosos por su singularidad, pero de muy dificil lectura por la forma de las letras y las abreviaturas, son muy raros en el dia.

Uno de los mas importantes es la *Biblia de los pobres*, llamada asi porque estaba destinada al pueblo, sobrado pobre para adquirir toda la Biblia, obra voluminosa y de mucho coste. Este libro, cuya impresion asciende á 1430, se compone de cuarenta pliegos en fólio menor, adornados de grabados en madera que representan y esplican los principales hechos del Antiguo y del Nuevo Testamento.

Los libros de imágenes dieron la idea de aplicar á los libros de estudio destinados á los estudiantes estos procedimientos, muy imperfectos sin duda, pero menos lentos y menos costosos que la escritura, y se grabó en relieve sobre planchas de madera alfabetos y un libro de gramática entonces muy en úso en las escuelas y conocido con el nombre de *Donato*, porque se le miraba como un compendio de un tratado del abate Elio Donato, célebre gramático latino del siglo IV.

La biblioteca imperial de París, que pasa por ser la mas rica del mundo en monumentos de este género, posee dos planchas de madera grabadas, provenientes de un Donato, cuyas letras están esculpidas en relieve y al revés. Estos caractéres son góticos y muy gruesos.

Hasta entonces la pluma conducida por la mano de los copistas habia sido el único instrumento que se habia empleado para la confeccion del libro manuscrito. Los ensayos de impresion tabularia ó xylographica, por imperfectos que fuesen, debian conducir á la invencion de la imprenta. No puede decirse que esto fuera todavía la imprenta, sino un medio de obtener mas regularidad en los caractéres, y sobre todo mas rapidez en la produccion del libro.

CAPITULO II.

Descubrimiento de la imprenta.

Cuando se considera la época en la cual tuvo lugar el descubrimiento de la imprenta, no se puede menos de ver en ella, con los escritores contemporáneos, una invencion divina. Este arte, complemento de la palabra, é instrumento el mas poderoso de la civilizacion del mundo, abre un nuevo horizonte al genio del hombre; su descubrimiento separa al mundo antiguo del mundo moderno.

En el siglo XV una nueva civilizacion parecia despuntar en medio del caos dejado por las épocas anteriores. A consecuencia de las devastaciones ejercídas por los musulmanes en Oriente, y por los bárbaros del Norte en Occidente, las bibliotecas, y con ellas una parte de las artes y de las ciencias habian desaparecido. Los pocos libros que habian escapado de la destruccion general, no habian encontrado refugio sino en algunos conventos de donde no habia sido todavía desterrada la literatura profana, y la rareza y el precio de estos libros no correspondian á las necesidades morales de las nuevas generaciones. Era preciso, pues, que un trabajo mecánico viniera á suplir las manos sobrado lentas de los copistas, que no podian ya bastar á la confeccion de los libros necesarios á las clases privilegiadas. No era, pues, por ótra parte esclusivamente en favor de algunas inteligencias especiales, ni para recreo de los príncipes, de los altos barones y de los señores de los castillos para quienes debia ejercitarse en adelante el nuevo arte, sino para servir sobre todo á los intereses generales. Gracias á este arte maravilloso que va á difundirse por do quiera rápidamente, las ciencias y las artes, sepultadas en el polvo de los archivos, van á recibir nueva luz; en adelante no es ya de temer la barbarie; la humanidad posee para combatirla una arma omnipotente.

Para comprender el inmenso beneficio que era la imprenta para la humanidad, basta leer los escritos de los que han visto nacer este arte sin igual.

«Es una maravilla casi increible, aunque verdadera, dice Sebastian Munster en su *Cosmografía universal*, que en un solo dia, un solo operario produzca tanto como podria hacer en dos años el escribiente mas espedito. Sin esta ingeniosa invencion del ingenio humano, habrian terminado todos los buenos estudios en estos últimos tiempos. Ya los buenos autores comenzaban á ser olvidados y abandonados; todas las doctrinas habrian desaparecido con ellos, si este arte divino no hubiera venido en su auxilio. Dios, pues, ordenador de todas las cosas, que no abandona nunca las de este mundo, fue quien hizo donativo á los mortales de esta invencion indispensable en el momento en que perecian las letras y la historia. Mas por ella se las vió revivir al punto y difundirse en todos los paises, asi como la memoria de los tiempos antiguos y la divina sabiduría de los filósofos.»

La siguiente dedicatoria, dirigida al soberano pontífice Paulo II por el obispo de Aleria Juan Andrés, atestigua el interés que la Iglesia, no menos que los reyes y los pueblos, testificaron desde su orígen á la imprenta:

«En el número de los beneficios de que conviene en vuestro reinado alabar á Dios, se halla el que permite á los mas pobres poder comprar libros á poco precio. ¿No es infinitamente glorioso para Vuestra Santidad, que los volúmenes que en otro tiempo costaban por lo menos 100 escudos de oro, puedan adquirirse en el dia, bien impresos y correctos, por 20 escudos, y que los que en otro tiempo hubieran costado 20, no valgan mas que 4 y aun menos? Agréguese á esto que los frutos del ingenio, presa en otro tiempo de la polilla, y sepultados en el polvo, atendido el penoso trabajo y los inmensos gastos de su trascripcion, han comenzado en vuestro reinado á surgir y difundirse á mares por toda la tierra. Tal es el arte ingenioso de nuestros impresores, que no podria igualarse á él invencion alguna antigua ó moderna. Por este divino arte es como vuestro pontificado, por otra parte tan glorioso, no perecerá jamás en la memoria de los hombres mientras viva el amor á las letras... Y aquí proclamaré, en honor y gloria de los creadores de estos bellos caracteres, que bajo el pontificado de Paulo II, el arte que ejercen con tanta habilidad, gracias al Divino Pastor que nos lo hizo descender del cielo, permite comprar los libros á mas bajo precio que jamás costó su encuadernacion.»

Asi como se vió en otro tiempo á siete ciudades famosas

de la Grecia disputarse el honor de haber dado nacimiento á Homero, así un número de ciudades aun mas considerable ha revindicado la gloria de ser la cuna de la imprenta. Mas para no citar sino aquellas cuyas pretensiones están apoyadas en algunos títulos formales, diremos, que se han escrito centenares de volúmenes para hacer inclinar la balanza en favor, ya de Harlem ya de Maguncia, ya de Strasburgo.

Lo que puede considerarse como casi cierto en el dia, no solamente por los testimonios mas seguros y mas autorizados, sino tambien por monumentos realmente existentes é incontestables, es que á Harlem le pertenece el mérito de la impresion tabularia ó xylográfica, pero que en Strasburgo ó en Maguncia es en donde han sido impresos los primeros libros por medio de caracteres movibles y de la prensa. Sin discutir aquí las numerosas razones alegadas en pro ó en contra de esta opinion, pasaremos en seguida al relato de su verdadero orígen.

Hácia el año 1400 fue cuando nació en Maguncia Juan Guttemberg. Su padre, de la noble familia de los Gensfleisch de Sulgeloch, se casó con Elisa de Guttemberg, y dió este nombre á su hijo, Henne (Juan) Gensfleisch zum Guttemberg.

El jóven Juan Geusfleisch tenia veinte años cuando ocurrieron los acontecimientos que decidieron sobre el resto de su vida, y hé aquí cómo reoperan las causas unas sobre otras.

Habiendo sido nombrado Conrado III elector de Maguncia, dice el cronista, hizo su entrada solemne en la capital acompañado del emperador Ruprecht. La nobleza y el pueblo eligieron separadamente diputados para salir á recibir á sus soberanos y rendirles los testimonios de su entera sumision y del placer que iba á causarles su presencia. Pero sea que los diputados patricios hubiesen avisado á los del pueblo, sea que la casualidad les hubiera favorecido, llegaron los primeros y saludaron solos al emperador y al elector. El pueblo vió en este paso una esclusion ofensiva para él; permaneció frio espectador de las fiestas que se dieron á los dos príncipes, y en breve fue la sedicion consecuencia de este triste silencio. Dirigióse con furor contra los patricios, sitió sus moradas y les impuso leyes tan duras, que las familias mas antiguas prefirieron un destierro voluntario á la pérdida total de sus privilegios, y se refugiaron en las poblaciones vecinas.»

Juan Guttemberg, que pertenecia á una de las familias nobles de Maguncia, creyó deber espatriarse, y se retiró á Strasburgo entonces ciudad alemana.

Viviendo en un siglo en que un noble se rebajaba abra-

zando otra carrera que la de las armas, Guttemberg, á no ser
por este acontecimiento, no se hubiera ocupado de los trabajos que le condujeron á su admirable descubrimiento, Pero
alejado de sus parientes y de sus amigos, privado de sus
bienes, abandonado á sí mismo, en fin, debió buscar en su
propio genio los medios de vivir honrosamente, y dejando su
espada de caballero, se puso resueltamente á manejar la lima
y el martillo.

Dotado de un genio vivo y emprendedor, entregado sin
cesar á proyectos y muy hábil de manos, se ocupó desde luego
en aplicar nuevos procedimientos para tallar piedras preciosas y para bruñir espejos. En 1433 le vemos formar asociacion con un cierto Andrés Dritzehen, hábil fundidor y ciudadano de Strasburgo, para la esplotacion de su procedimiento. Al año siguiente fue cuando concibió la idea de la
imprenta y despues de algunos secretos ensayos, formó una
nueva asociacion con Andrés Dritzehen, Hans-Riffé y Anton
Heilman, para la esplotacion de esta nueva empresa.

Segun el acta que se nos ha conservado, estos asociados debian suministrar cierta suma y tener una parte en los beneficios de la invencion. La gran feria de Aquisgran, época del
jubileo de 1444, era el momento fijado para la esplotacion de
este secreto, que *debia escitar la curiosidad de todos y re-
portar grandes beneficios.*

Entre tanto Guttemberg se retiró al convento de San Arbo-
gasto y trabajó allí con ardor en su nueva invencion. Dritzehen, muy hábil operario, iba con frecuencia á trabajar con
él, y Guttemberg, reconociendo su celo y su aptitud, le confió los dibujos y las instrucciones necesarias para hacer construir una ó muchas prensas de su invencion. Provisto con
este instrumento, Dritzehen se puso á trabajar dia y noche
para acabar la obra para la época indicada, la de la gran feria de Aquisgran; pero esta actividad le fue fatal, porque
murió poco. tiempo despues, próximas las Navidades de el
año 1438.

Este terrible acontecimiento no solamente privó á Guttemberg de su mejor operario, sino tambien le hizo perder todo
un año de tiempo á consecuencia del pleito que le promo-
vieron los herederos del difunto, que reclamaban, ó su admi-
sion en la sociedad, ó el reembolso de las sumas adelantadas
por Dritzehen.

A principios de 1439 fue cuando tuvo lugar este célebre
proceso, todas cuyas piezas, conservadas en Strasburgo, han
sido descubiertas por casualidad en 1745 por el archivero
Wenkler en una antigua torre de la villa, y estos documen-

tos son los que arrojan alguna luz, aunque débil, y oscurecida sin duda de propósito, sobre los procedimientos secretos de una asociacion que tenia un interés doble en no verlos descubiertos; el de hacer creer que los libros impresos eran manuscritos, y evitar sobre todo la acusacion de hechicería, como lo atestigua el dicho de uno de los principales testigos que entonces se oyeron en el asunto en cuestion. En este asunto es donde se habla por primera vez de la imprenta por medio de caracteres movibles.

Hasta la muerte de Andrés Dritzehen habíase trabajado dia y noche en la composicion de esta grande obra, *que debia escitar la curiosidad de todos* en la gran feria de Aquisgran, y hallar en ella por consiguiente una gran salida. Esta obra debia ser una Biblia ó un Catholicon, como nos lo dicen los testimonios positivos de sus contemporáneos. Ulrico Zell, que estableció algunos años despues la primer imprenta en Colonia, y el abate Trithemo, que aunque niño en esta época pudo ver á Gutenberg despues de su muerte. Y aunque esta obra no haya aparecido en el mismo Strasburgo, parece que se deba considerar esta villa como la cuna real de la imprenta, por lo que justamente se eleva la estatu de Gutenberg por este título dentro de sus muros.

Hé aquí el relato de Ulrico Zell, que viviendo en una ciudad que jamás ha tenido pretensiones rivales, parece enteramente desinteresado en la cuestion. «Este noble arte, dice, se inventó por primera vez en Alemania, en Maguncia en el Rhin, y dió grande honor á la nacion alemana. Esto sucedió hácia el año 1440; (época en la cual, Juan Guttemberg habitaba aun en Strasburgo), y de allí hasta el año 1450, se perfeccionó este arte y cuanto á él se refiere.

»Comenzóse á imprimir el año 1450, que era año de jubileo, y el primer libro puesto en prensa fue la Biblia latina en grandes caracteres, tales como los con que se imprimen en el dia los misales.

»El primer inventor de la typografía fue un ciudadano de Maguncia llamado Juan Guttemberg ó Gudenburch: era noble.»

Algunos escritores han puesto en duda que Guttemberg haya tenido desde luego la idea de emplear caracteres movibles, y piensan que quiso desde luego servirse de planchas de madera grabadas en relieve como las que se empleaban en su tiempo para la impresion de los libros de imágenes y de los Donatos; créese tambien que con el auxilio del laborioso Dritzehen, debió ejecutar en Strasburgo alguna impresion poco importante y anónima, bien sea un Donato ó un vocabulario, para cuya tirada sirvió la prensa que habia hecho hacer con arreglo á sus planos. Pero no podia pensar en grabar en planchas de madera estas mil trescientas páginas, estos dos millones de letras de que se compone la Biblia. No podia pensar tampoco en obtener estas impresiones por medio de la frotacion, porque no hubiera podido imprimir el reverso del pliego, ya cargado de tinta por'un lado, sino á costa de este primer lado, cuya escritura se hubiera borrado ó desaparecido.

Parece, pues, mas exacto, que Guttemberg, que segun la espresion de sus contemporáneos, encontró en Strasburgo *un nuevo género de escritura*, tallara en madera caracteres movibles, pero es dudoso que para sus primeros caracteres empleara el metal, ya en grabado ya en fundicion. En cuanto á la prensa, no era invencion de Guttemberg, ó por lo menos tomó su idea de las prensas de los lagares en gran uso en las orillas del Rhin.

A consecuencia de los procedimientos de los herederos de Dritzehen, Guttemberg, privado de recursos por los gastos que tuvo que hacer para sus ensayos, habiendo perdido ademas en Andrés un auxiliar inteligente y adicto, se vió obligado á abandonar momentáneamente sus proyectos; sin embargo, permaneció muchos años aun en Strasburgo, ocupado sin duda en madurar su invencion.

CAPITULO III.

Guttemberg en Maguncia.

En 1445 fue cuando dejó Guttemberg á Strasburgo para volver á Maguncia, con la idea quizá de encontrar allí mas fácilmente un prestamista. Perseverante como el hombre de genio, que tiene la certidumbre de poseer un secreto útil á la humanidad, Guttemberg no se desanimó por su mal éxito en Strasburgo, y de regreso á su villa natal, se ocupó de los medios de conseguir el objeto á que aspiraba.

No pudiendo encontrar los fondos necesarios para continuar solo su empresa, se decidió á dirigirse á Juan Fust, platero y banquero en Maguncia.

Los plateros en esta época no eran lo que son los mercaderes de joyas que llevan en el dia este nombre, eran una especie de mecánicos empresarios, que reunian en su laboratorio á las grandes concepciones de las máquinas, la hábil ejecucion de los detalles.

Tal era Fust, hombre hábil, rico, pero muy interesado, y que algunos autores han mancillado tambien con el nombre de usurero. Como quiera que sea, este hombre hábil, comprendiendo todo el mérito de la invencion de Guttemberg, y previendo los beneficios que debia procurar, le hizo hacer una escritura de sociedad cuyo texto se ha conservado hasta el dia, y que lleva la fecha de 1450. Por esta escritura, se obligaba á adelantar á Guttemberg la suma de 800 florines de oro al interés del 6 por 100, durante cinco años, para la confeccion de los utensilios y de los instrumentos necesarios para la imprenta, los cuales utensilios é instrumentos habian de quedar empeñados á favor de Fust en seguridad del contrato. Obligóse además, á dar 300 florines de oro por los gastos generales. Los beneficios deberian dividirse entre los dos asociados. En el caso de que llegara á disolverse la sociedad, se convino en que Guttmeberg podria desempeñar sus útiles, reembolsando á Fust sus 800 florines de oro con los intereses. Como se ve, este contrato era enteramente ventajoso á Fust, puesto que en el caso de no salir bien la empresa, se apropiaba el material de la imprenta y el derecho de esplotarla por sí mismo.

Pero Guttemberg no retrocede ante ningun sacrificio; poco le importa con tal de poder conseguir el objeto que se propone; y para alcanzar este objeto, necesita dinero á toda costa.

Guttemberg habia traido de Strasburgo sus letras de madera, con las cuales habia impreso sin duda algunos pliegos de la Biblia destinada á ver la luz en la feria de Aquisgran. Pero juzgando los resultados que obtenia demasiado inferiores á la ejecucion de los manuscritos para poder producir una ilusion completa, renunció á servirse de ellos y buscó otros medios menos imperfectos. Entoces fue cuando imaginó formar moldes matrices y fundir en ellos letras de plomo ó de estaño, idea que habia concebido, dice uno de sus historiadores, viendo batir moneda en la fábrica de Strasburgo.

Lleno de confianza esta vez Guttemberg, se puso á la obra con nuevo ardor, estableció su imprenta en la casa de *Zum Jungen*, que pertenecia á su tio, y que mas adelante conservó el nombre de *Imprenta*. Dedicó cerca de dos años á procurarse punzones, moldes, caracteres, prensas y el papel necesario. Todos estos gastos absorbieron los 800 florines que le habia adelantado Fust, y se vió obligado á tomar prestado otros 800 al platero para terminar la impresion de la Biblia que estaba ya principiada.

Sin embargo, Guttemberg avanzaba muy lentamente en su trabajo, y esperimentaba grandes dificultades, provenientes sin duda de la poca resistencia que ofrecia el plomo ó el estaño de los caracteres á la prensa, y tal vez tambien á la imperfeccion de las matrices. Schœffer, operario de Fust, fue quien tuvo la gloria de perfeccionar la obra de sus maestros.

Dotado de un espíritu ingenioso y práctico, colocado por su inteligencia muy por encima de la clase en que la suerte le habia hecho nacer, Schœffer seguia con ávida curiosidad los trabajos á que se entregaban Guttemberg y Fust. Vió y comprendió la causa de las dificultades que esperimentaban, y se puso á trabajar tambien. Despues de muchos ensayos infructuosos, consiguió salir al fin triunfante. Grabó punzones en relieve con los cuales abrió matrices, que ajustadas en moldes de hierro, sirvieron para la fundicion de los carac-

Guttemberg enseñando á Fust sus ensayos de impresion, segun un cuadro que se conserva en el Ayuntamiento de Maguncia.

teres, cuya aleacion modificó hasta que obtuvo el grado de consistencia conveniente.

Asi, para dar á cada uno la parte que justamente le pertenece, Schœffer fue el primero que fundió en bronce los signos de la palabra, las letras que se podian juntar de una manera indefinida, completando de esta suerte el arte de la tipografía.

Schœffer inventó tambien, segun se dice, una nueva tinta para imprimir, que es la de que hoy nos servimos. La tinta que se empleaba entonces en la impresion tabularia para la confeccion de los libros de estampas era clara y pálida: era, pues, preciso imaginar una mas espesa, mas negra, mas viscosa que pudiera imprimirse y conservarse en los caracteres sometidos á la prensa. Schœffer aplicó á ella sin duda los procedimientos del pintor holandés Van-Eyck que habia encontrado el arte de mezclar á los colores el aceite de lino ó de nuez.

Fust quedó tan encantado de estos descubrimientos, que asoció á Schœfer á su empresa y le dió su hija en matrimonio.

Pusiéronse los tres á trabajar con nuevos recursos, guardando el secreto de su invencion, hasta que fue divulgado por sus operarios, sin el auxilio de los cuales no podian practicar su arte.

Guttemberg no fue mas feliz en Maguncia que lo habia sido en Strasburgo. Durante los cinco años fijados para la duracion de la sociedad, Fust tuvo la facilidad de instruirse de todos los detalles de la invencion, detalles que llegó á conocer á fondo; seguro despues del apoyo de los talentos del hábil Schœffer, á quien habia hecho yerno suyo, y sobre todo, seguro de poder apropiarse fácilmente el fondo de la imprenta, que era ya muy considerable, si exigia de Guttemberg el reembolso de su dinero, sabiendo muy bien que éste no podria pagarle, juzgó llegado el momento favorable para intentar un proceso y reclamarle las sumas que le habia adelantado.

Fust hizo, pues, citar á Guttemberg ante los tribunales para obligarle á reembolsar las sumas que le habia adelantado, y que ascendian con los intereses, á 2,020 florines de oro, ó á abandonarle su material tipográfico que tenia en garantía.

Esta vez tenia contra sí Guttemberg las mismas cláusulas de su empeño, y uno de los jueces, Nicolás Fust, pariente del platero Juan Fust. Pedro Schœffer declaró contra él como testigo. Guttemberg debia perder, y perdió en efecto su pleito. Vió, pues, que le quitaban sus instrumentos de trabajo que le habian costado tantas fatigas y tanto dinero, despues de veinte años que se ocupaba de la imprenta, y hasta vió que se le quitaba la gloria de haber inventado este arte maravilloso.

En efecto, el taimado Fust, fingiendo generosidad, consintió en dejar á Guttemberg parte de su material y del producto de sus trabajos, con la condicion de no poner su nombre en ningun libro que pudiera imprimir, fundándose en que cada asociado tenia derechos iguales en las obras comenzadas y en su material.

Por duras que fuesen estas condiciones, Guttemberg, arruinado por segunda vez por la pérdida de este pleito, se vió obligado á aceptarlas. Fust le dejó, pues, sus antiguos tipos, que tenian el inconveniente de ser demasiado gruesos, lo cual hacia mas costosa la impresion y menos perfecta la ejecucion.

Abandonó á Guttemberg, al mismo tiempo que el material antiguo, las empresas comenzadas, tales como la Biblia de treinta y seis líneas y el Catholicon; pero como ya hemos dicho, con la obligacion de no poner en ellas su nombre, puesto que cada asociado tenia derechos en estas obras.

Al abandonar á Guttemberg el material imperfecto y los caracteres poco numerosos creados por él con tanto trabajo y en tanto tiempo, Fust y Schœffer sabian perfectamente que no podria acabar pronto las obras comenzadas, mientras ellos que por medio de su procedimiento y de los bellos caracteres ejecutados por Schœffer, estaban seguros de poder adelantarse á él. Por otra parte sabian que sus ediciones superarian á las de Guttemberg. puesto que serian mas bellas, y que hasta podrian venderlas menos caras, atendido que, formando menos pliegos, consumirian menos papel ó vitela, gasto entonces considerable.

En efecto, Fust y Schœffer hicieron aparecer su Biblia de cuarenta y dos líneas, en 1456, como lo indica la nota manuscrita con tinta roja que figura al fin del ejemplar que posee la Biblioteca imperial de París en la que se dice: «Este libro se iluminó y encuadernó por P. Enrique Cremer, el año del Señor 1456, en la festividad de la Asuncion de la Vírgen María.» Algunos bibliógrafos han atribuido esta Biblia á Guttemberg porque no lleva nombre, pero no es exacto, puesto que el carácter con que está impresa, es el mismo que el del Salterio de Maguncia, que Fust y Schœffer hicieron parecer el año siguiente y que lleva su nombre. Si su Biblia no está firmada, es porque querian poder venderla como manuscrita y sacar de ella un precio elevado; y esto es lo que hicieron en efecto.

Guttemberg se hallaba, pues, despojado de su gloria de inventor del arte tipográfico, como Cristóbal Colon lo fue algunos años despues del de descubridor del Nuevo-Mundo: ¡suerte comun á casi todos los inventores! Afortunadamente la posteridad no debia ratificar estas espoliaciones; ¡justicia, ay, sobrado tardía!

Guttemberg, hombre de gran energía, parecia como Anteo, levantarse de cada caida con mas vigor para la lucha. Púsose, pues, nuevamente á buscar otro provisor de fondos, este mesías de los inventores, y tuvo la fortuna de encontrar esta vez un verdadero protector en la persona del doctor Conrado Humery, síndico de Maguncia. Este hombre ilustrado y generoso no exigió en seguridad de sus capitales mas que la condicion de que, despues de muerto Guttemberg sin haberle reembolsado, le perteneciera el material de la imprenta.

Gracias á este apoyo, Guttemberg consiguió establecer en Maguncia en 1455, una imprenta en competencia con la de Fust y Schœffer. En este taller fue, pues, donde terminó su Biblia de treinta y seis líneas, que apareció poco despues de la de Fust. No lleva nombre ni fecha, lo mismo que el *Catholicon*, que se acabó de imprimir en 1460, como nos lo dice la inscripcion puesta al final de esta obra, y cuyo tenor es el siguiente:

«Con el auxilio del Todopoderoso, que con un signo hace á los niños elocuentes y les revela con frecuencia lo que oculta á los doctos, se acabó de imprimir este libro insigne, el *Catholicon*, en 1460 en Maguncia, ciudad de la ilustre Germania,—que Dios se dignó, en su clemencia, elevar sobre las demás naciones, por el don gratuito de tal produccion del ingenio humano.—Este libro no se ha hecho con el auxilio de caña, stylo ni pluma, sino por la coordinacion maravillosa del tamaño de las letras por medio de punzones y matrices.»

No hay duda que Guttemberg alude al descubrimiento de Schœffer en la primera frase de esta inscripcion.

Fust y Schœffer fueron, pues, los primeros que imprimieron el primer libro, puesto que su Biblia pareció antes que la de Guttemberg; sin embargo, un documento de 1459, probaria que Guttemberg habria impreso anteriormente á esta época muchas obras religiosas que no han llegado hasta nosotros. En este documento hace donacion al convento de Santa Clara de Maguncia, donde estaba retirada su hermana, de *todos los libros que habia ya impreso en aquella hora, ó que podria imprimir en lo sucesivo.*

Guttemberg trabajó con ardor desde 1456 hasta 1462; en este lapso de tiempo publicó, además de su Biblia y su Catholicon, otras muchas obras: *Tratado de la celebracion de la Misa*, donde toma el nombre de *Joannis á bono monte*, (en alemán Guttemberg significa *buena montaña*) un *Thomas de Aquino*, etc. Segun el dicho de su contemporáneo Felipe de Liguamine, imprimia diariamente hasta trescientos pliegos por ambos lados, tirada considerable para esta época.

En 1462, cuando estalló la guerra civil entre los dos arzobispos Diesher d'Isenburg y Adolfo de Nassau, Maguncia fue tomada y saqueada, y como es fácil de presumir, la imprenta de Guttemberg y la rival de Fust y Schœffer tuvieron mucho que sufrir de estos deplorables acontecimientos. Todos los operarios que encontraban trabajo y pan en estos dos talleres, fueron obligados á dispersarse para vivir ellos y sus familias. Asi, no se vió salir ninguna obra de las prensas maguncianas durante dos ó tres años.

Fust y Schœffer, que eran ricos, se fueron levantando poco á poco, pero Guttemberg, fatigado y desalentado de esta lucha desigual y de un estado de escasez constante, concluyó por no imprimir nada.

A pesar de todas sus desgracias, Guttemberg gozaba entre sus conciudadanos de la mas honrosa reputacion, justamente conquistada por sus trabajos, su energía y sus decepciones casi contínuas.

La Providencia, á quien habia siempre invocado, vino en su auxilio. Adolfo de Nasau, arzobispo elector de Maguncia, que habia vencido en su lucha contra su rival, nombró á Guttemberg gentil-hombre de su córte en 1465, en recompensa de los servicios que habia rendido á la humanidad.

Desgraciadamente Guttemberg no gozó por mucho tiempo de esta pacífica posicion; habiendo muerto en Maguncia tres años despues á la edad de cerca de sesenta y siete años. Fue enterrado en el convento de Franciscanos, vecino á su imprenta, y se le erigió un sepulcro de simple mármol, recordando que era el inmortal inventor del arte de la tipografía.

Todavía se enseña en Maguncia, en la posada de *Jung*, un fragmento de la primera prensa original de Guttemberg que lleva el milésimo de 1414.

En estos últimos tiempos se han erigido dos estátuas de bronce en los dos principales teatros de la gloria del inmortal creador del'arte tipográfico, la una en Maguncia en 1837, obra maestra del célebre Thorwaldsen; la otra en Strasburgo en 1840, debida al cincel de David de Angers.

Pero un monumento mas duradero atestigua el genio de

este grande hombre. Un monumento eterno que la lima sorda del tiempo, que la ingratitud y la envidia de los hombres jamás conseguirá destruir. Tal es el desarrollo del genio en todos los géneros que ha facilitado la imprenta, las luces que ha derramado y que derramará aun entre el comun de los hombres, el espíritu filosófico que propaga esas verdades sublimes, la esperanza del justo, el terror del malvado, que ella difunde rápidamente del uno al otro polo.

CAPITULO IV.

Juan Fust y Schœffer.

Juan Fust y Schœffer, hombres habilísimos, continuaron la obra de Guttemberg, y la perfeccionaron todavía mucho; porque sus ediciones son muy superiores en belleza y en regularidad á las de Guttemberg.

Desde 1457 hicieron aparecer un Breviario latino con el nombre de *Salterio de Maguncia*, monumento verdaderamente notable de la tipografía naciente. Este libro, que los bibliofilos no estiman en menos de 250.000 francos, está impreso con una elegancia que prueba cuán rápidos habian sido los progresos del nuevo arte.

Fust y Schœffer hicieron toda clase de esfuerzos para arrebatar á Guttemberg sus derechos de inventor de la imprenta, y se engalanaron audazmente con este título en todos los libros que imprimieron.

El rasgo siguiente caracteriza el espíritu emprendedor y poco escrupuloso de Fust:

Aprovechándose de la ignorancia de los contemporáneos acerca de los procedimientos que ponia en uso, hallaron en un principio la ventaja de vender como copias manuscritas sus ejemplares impresos, y de asegurarse así, durante algun tiempo, la posesion esclusiva del fruto de su industria. Pero en breve la comparacion de algunas de estas pretendidas copias, y por otra parte la indiscrecion de los operarios, sin el auxilio de los cuales no podian hacer nada, divulgaron su secreto.

Mas el astuto é interesado Fust no era hombre que se contentara únicamente con los triunfos de amor propio y de gloria; así es que al punto vió el medio de sacar el partido mas ventajosamente posible de los productos maravillosos del nuevo arte. No pudiendo vender ya en Alemania sus impresiones por verdaderos manuscritos, tomó consigo cierto número de ejemplares de la famosa Biblia de Maguncia, en la cual no figuraba ni nombre ni fecha, y se fué á París, donde no habia llegado aun la noticia de la nueva invencion. No habia escogido mal el teatro de sus operaciones como se ve, pues vendió en efecto los primeros ejemplares como manuscritos en 60 escudos; suma enorme para aquella época, y que equivaldria á unos 1,900 reales de nuestra moneda actual. Despues los cedió á 50, á 40 y aun á 30 coronas, cuando hubo agotado los bolsillos mas ricos. Este gran número de Biblias, y está diversidad de precios, dió que pensar á muchos; compararon unos y otros ejemplares y se notó su perfecta igualdad, y aun la repeticion exacta de algunos defectos que en ellos se advertian. Como esto interesaba mucho á los copistas, á los escribientes, á los libreros parisienses y otros que vivian de la escritura, examinaron los ejemplares con esa escrupulosa y odiosa atencion que inspira la competencia. No comprendiendo nada de estas copias uniformes, y sabiendo que no era posible que hiciera la misma mano tan gran número de ejemplares, pensaron naturalmente que Fust habia hecho uso de medios desconocidos, y como ignoraban cuáles eran éstos, creyeron muy sencillo ver en ello una obra de hechiceria, unos, porque asi lo creian realmente, y otros no obstante no creerlo:

Elevaronse, pues, quejas y denuncias, se verificaron pesquisas en casa de Fust, y se encontró cierta cantidad de estos libros; los adornos de tinta roja que decoraban muchas páginas, pasaron por haberse escrito con sangre. Fue, pues, reducido Fust á prision y acusado de magia. Pero el rey Luis XI ordenó que se le diera libertad, bajo la condicion de que diese á conocer los medios que habia empleado para multiplicar en esta proporcion inaudita las copias de un mismo libro. Se ignora si Fust reveló su secreto para salvar su vida; así es probable: sin embargo, no volvió á Maguncia, porque fue víctima de la peste que desoló á París en 1466.

La última edicion que lleva el nombre de Fust, es en efecto de 1465, y desde 1467, las obras que salieron de su imprenta llevan solo el nombre de Schœffer.

Pedro Schœffer sobrevivió largo tiempo á Guttemberg y á Fust, y continuó sus publicaciones mas y mas renombradas, todas las cuales llevaban su nombre y su doble escudo impreso con tinta roja. Schœffer tuvo siempre cuidado de mencionar á Juan Fust y á sí propio como los inventores

de la imprenta. Sus descendientes reprodujeron perpétua-
mente esta mencion lisonjera para su familia, y como todos
aquellos de sus contemporáneos que escribieron para la imprenta, se dirigieron naturalmente á uno de ellos para obtener noticias, los informes que de ellos recibian redundaban
siémpre en perjuicio de Guttemberg y propendian á desacre-
ditarle. Pero la posteridad no podia ratificar esta usurpacion.

«En vano el yerno y el nieto de Fust han querido arrebatar á Guttemberg sus derechos de inventor para trasferirlos
á Fust, dice M. Didot; basta que estos derechos hayan
sido proclamados una vez por confesion misma de Juan
Schœffer, hijo de Pedro Schœffer y nieto de Fust, para
anular todo lo que Pedro y Juan Schœffer no han cesado de
repetir en su solo y propio elogio en todos los libros que
han impreso.»

«En su dedicatoria al emperador Maximiliano, impresa á
la cabeza del *Tito-Livio*, traducido en alemán é impreso por
Juan Schœffer, declaró, como poseido de un tardío remordi-
miento, que en Maguncia es en donde fué inventado el arte
admirable de la tipografía por el ingenioso Juan Guttemberg el año 1450, habiéndose posteriormente mejorado y
propagado en beneficio de la posteridad con el auxilio de los
capitales y trabajos de Juan Fust y de Pedro Schœlfer.»

«¡Hé aqui la verdad! y ciertamente ningun testimonio podria ser mas auténtico ni mas solemne; su fecha es de 1505,
epoca tan próxima á la en que se hallaban vivos aun los testigos. Sin embargo, todavía vemos á este mismo Juan Schoffer imprimir audazmente lo contrario. En adelante, escepto
ese *Tito Livio*, ningun libro impreso por los Schoffer habla
ya de Guttemberg; los inventores de la imprenta son Fust
y Schoffer.»

CAPITULO V.

Propagacion de la imprenta en Europa.

Mientras que Guttemberg y Fust imprimian los primeros libros en Maguncia, Juan Mentelin ciudadano de Strasburgo; cuya atencion se habia dispertado por los pleitos de Guttemberg, y que tal vez, si nos referimos á ciertos testimonios, habia sido asociado á los trabajos de este último, durante su permanencia en Strasburgo, se ocupaba en silencio de los últimos procedimientos de la imprenta. El primer libro atribuido á Mentelin es una Biblia en aleman que lleva la fecha de 1466, escrita en tinta roja por mano del iluminador, y Mentelin publicó hasta 1478, epoca de su muerte, gran número de obras en pequeños caracteres góticos. Llegó á ser muy rico, y transmitio su imprenta á sus descendientes. Sus primeros libros no llevan ni fecha, ni nombre; los libros á que añadió su nombre de impresor, no llevan mas que esta indicacion, *per Juhannem Mentelin,* y jamás revindicó la gloria de inventor de la imprenta. Pero mas adelante, su nieto Schott, mas audaz aun que Fust y Schoffer, y animado tal vez con su ejemplo, se atrevió á proclamar á Mentelin inventor de la tipografia.

A consecuencia de las turbulencias ocurridas en Maguncia en 1462 y 1463 con motivo del conflicto entre los dos arzobispos, hubo una emigracion de operarios impresores que llevaron su arte á las ciudades mas civilizadas de la Europa.

Ulrico Zell, discípulo y operario de Guttemberg se estableció en Colonia, donde imprimio, desde 1463, la bula del papa Pio II. Antonio Koburger fundó una imprenta en Nuremberg en la misma epoca, publicando en ella hasta 1513 numerosas ediciones.

Entre los nombres de los impresores de Nuremberg, vemos

figurar al célebre gravador Alberto Durero; conócense de él muchas obras adornadas con un gran número de grabados en madera, la primera de las cuales llevaba la fecha de 1498.

Conrado Sweynheim y Arnoldo Pannartz establecieron en Roma la primera imprenta de donde salieron en 1465 un *Lactancio*, despues la *Ciudad de Dios* de San Agustin, ambas obras muy bien impresas; despues en los años siguientes hasta 1471 todas las bellas obras de la antigüedad y los Padres de la Iglesia. Esta actividad verdaderamente extraordinaria no les enriqueció, porque debieron dirigir una súplica al papa Sixto IV, para que los socorriera atendido á que no tenian con que vivir; habiéndose arruinado, decian, por su sobrado celo en imprimir obra sobre obra.

Casi al mismo tiempo que en Roma, vinieron á establecerse en Venecia tipográfos alemanes. Juan Spira obtuvo en 1469 del senado de Venecia un previlegio esclusivo para ejercer allí el arte de la imprenta.

Los impresores de Venecia fueron los primeros que abandonaron los caracteres góticos por los romanos, que los han conservado hasta nuestros dias, y el favor que obtuvieron sus ediciones fue tal, que los libreros de las demás ciudades tenian cuidado de advertir que sus ediciones se hacian con caracteres venecianos.

Hácia 1470 fue cuando se estableció en Venecia el jefe de la ilustre familia de los Aldos, que fue para la Italia lo que la familia de los Estiennes ha sido para Francia. Ambos igualmente acreedores al reconocimiento universal por su vasto saber y la aficion á las letras de sus ilustres gefes, que lucharon con igual valor contra las dificultades políticas de de su epoca, agregaron á sus ediciones prefacios, disertaciones y notas en latin y en griego, los cuales bastarian por sí solos para atraerles la fama literaria de que gozan.

Desde que se divulgó el descubrimiento de la imprenta, penetró este arte en Suiza; Elías Helie publicó en 1470 en Beromunster (canton de Lucerna), muchas obras religiosas. Froben, amigo de Erasmo y d' Holbein, publicó en Basilea, en 1516 la primera edicion griega del Nuevo Testamenio; en el año siguiente publicó una nueva edicion con la traduccion latina y estensos comentarios, que dedicó á Leon X. Debésele además, una multitud de ediciones muy correctas y muy estimadas.

En 1472 pareció en Anveres el primer libro impreso de los Paises-Bajos. Despues en Alost, en Lova·na, en Bruselas. En Holanda es donde reinaron de 1616 á 1680 los Elzeviros que llevaron el arte tipográfico á tan alto grado de perfecion

que sus ediciones son aun muy buscadas y apreciadas en todo el mundo.

La imprenta se introdujo en Inglaterra algunos años mas
tarde que en Italia y en Francia. Wiliam Carton, comerciante inglés, fue quien, de regreso de un viaje á Colonia, llevó
allí el nuevo arte. El primer libro que salio de sus prensas
establecidas en Westminster, es el *Juego de agedrez*, traducido del francés; lleva la fecha de 1474. Hasta 1491, epoca
de su muerte, tradujo é imprimió un gran número de libros
franceses y principalmente de novelas de caballería. Sus ediciones muy raras y que se venden á precios escesivos en Inglaterra están impresas en caracteres bastante toscos y son
muy inferiores á las de los impresores del continente sus contemporáneos. Solamente en 1498 un normando llamado Ju-
lian Notaire, llevó á Inglaterra los tipos franceses.

En cada pais la imprenta, desde su orígen, consignó el
estado de la civilizacion cuyo espejo son los libros, y puede
decirse que la historia del ingenio humano esta inscrita en la
bibliografía.

Los primeros libros impresos en Alemania están casi totalmente consagrados á la teología y á la escolástica, mientras
que en París la antigua literatura ocupa el mismo rango que
la teología. En Italia, donde el recuerdo de las letras romanas
habia conservado un grande imperio, la imprenta reprodujo
con preferencia las obras maestras de la literatura antigua
mientras que en Roma, los papas Sixto V y Leon X fundan
la célebre imprentan del Vaticano, para publicar las obras de
los Padres, las Sagradas Escrituras, y para propagar la fé católica. En Inglaterra, domina todos los entendimiemtos la
pasion por las narraciones caballerescas. «Así es que de las
sesenta y dos obras impresas por Caxton, solo cuenta diez la
teología, y todas las demás se hallan consagradas á la caba-
ría, á la literatura y á la historia mas ó menos novelesca.
En el dia la Inglaterra inunda cada año al mundo con millones
de Biblias y Nuevos Testamentos traducidos en todas las
lenguas.

La España que es el primer pais de Europa donde se inventó el papel, fue uno de los ú ti nos que gozó de los beneficios de la imprenta. Valencia vió establecer la primera imprenta en 1475; Sevilla al año siguiente; Salamanca y Tole-
do diez años despues y Madrid en 1499.

El cardenal Ximenez de Cisneros fundó una imprenta en Al-
calá en el convento de Compluto, en 1513 á fin de hacer imprimir la famosa Biblia polyglota que emprendió bajo los
auspicios de Leon X. Esta obra, en seis volúmenes en fólio,

no costó menos de 50,000 coronas de oro. La inpresion acababa de terminarse cuando murió el cardenal.

Hasta mas de cien años despues de su invencion no se introdujo la imprenta en Rusia, nacion sumergida entonces en
la ignorancia y la barbarie.

Poco tiempo despues del descubrimiento del Nuevo Mundo
se transportaron á la America meridional prensas europeas.
Antes de fines del siglo XVI, se habia impreso en Méjico y
en el Perú cierto número de libros. A mediados del siglo
XVII., se prácticaba este arte en la America del Norte.

La prensa ha estendido su imperio desde las heladas rocas
de la Islandia hasta la Australia; solo deja de existir actualmente en algunas comarcas bárbaras del Africa y del Asia
donde no ha podido penetrar y llevar el gérmen de la civilizacion.

CAPITULO VI.

La imprenta en París.

El descubrimiento de la imprenta fue acogido por los reyes de Francia como un nuevo medio de acrecentar la gloria de las letras, cuyos protectores fueron siempre; aunque algunos hayan empleado á veces, según las costumbres del tiempo, medios un poco rigurosos para reprimir los abusos de la prensa.

El arte tipográfico se estableció en París en 1470, en el mismo año que lo fue en Venecia. Desde 1463, el rey Luis XI, envió á su director de moneda Nicolás Jenson, hábil grabador de Maguncia, á sorprender los secretos del nuevo arte, pero, á su regreso á Francia, habiendo encontrado Jenson el reino presa de las turbulencias suscitadas por la liga del Bien Publico, y temiendo por su seguridad, se fue á Venecia, donde fundó una imprenta cuyos caracteres grabó él mismo.

Luis XI, en despecho de la reputacion de astucia y de crueldad política que se le imputa, era un príncipe ilustrado, amigo de las letras y de las ciencias. Concedió nuevos y mas amplios privilegios á la Universidad de Paris, y una escuela especial á la medicina, y reunió los primeros fondos para la biblioteca imperial actual. Antes de él, se estudiaban muy poco las obras maestras de la lengua latina; en cuanto á la lengua griega, era enteramente desconocida. Luis XI atrajo los sabios estranjeros y se esforzó en favorecer y difundir la instruccion.

París, capital de Francia que poseia la universidad mas celebre en el mundo entero, París no sacaba un libro sino del depósito que habian establecido en ella los libreros maguncianos. En este estado de cosas, fue cuando dos hombres generosos, animados por el rey Luis XI, concibieron el proyecto de dotar á la Francia de los medios de gozar por sí misma de los beneficios de la imprenta. El uno de ellos Juan Steinlin, conocido en Francia con el nombre de La Pierre, era prior de la Sorbona y rector de la universidad de París, era uno de los hombres mas sabios de su época. El segundo era Guillermo Fichet, doctor en teología, rector de la Sorbona. Ambos se entendieron para hacer venir de Alemania operarios tipógrafos.

A su llamamiento, tres operarios impresores, que trabajaban en Munster, vinieron á París y se instalaron en el mismo edificio de la Sorbona. Estos tres operarios que habian aprendido su arte en Maguncia se llamaban Ulrico Gering, Miguel Friburger y Martin Krantz.

A principios del año 1470, el año decimo del reinado de Luis XI, fue cuando Ulriro Gering y sus compañeros comenzaron á imprimir en una de las salas del colegio de la Sorbona. Los tres asociados desplegaron una grande actividad, y mucha habilidad en su arte. La primera obra que salió de sus prensas, fue las *Cartas de Gasparin de Bérgamo*, profesor de la Universidad de Padua, que habia llevado á Italia el gusto de la buena latinidad y de la sana literatura, y cuyas obras gozaban entonces de una gran reputacion.

Gering y sus asociados, auxiliados, dirigidos en sus trabajos por los consejos de sabios doctores, pusieron sucesivamente en prensa las obras de los mejores historiadores de la antigüedad; el doctor La Pierre preparaba las copias y tenia cuidado de la correcion de las pruebas.

En 1478, Miguel Friburger y Martin Krantz regresaron á Alemania, pero Ulrico Gering permaneció hasta su muerte, ocurrida en 1510, siendo impresor titulado de la Sorbona y de la universidad. Este primer impresor de París ejerció durante cuarenta años, con gran crédito, el arte de la imprenta, y vió elevarse á su alrededor gran número de prensas, dirigidas la mayor parte por los habiles maestros que el habia formado.

Reconocido á la benevola protecion y á los buenos consejos de los doctores de la Sorbona y á la hospitalidad que habia recibido, Ulrico Gering, que no era casado, le degó á su muerte una gran parte de su fortuna para fundar cajas de socorro. Hizo tambien legados considerables á los estudiantes pobres del colegio de Montagu.

Bertrand de Rembolt, de Strasburgo, que desde 1418, estaba asociado con Gernnig, continuó imprimiendo hasta 1521.

El número de impresores de París se aumentó rápidamente; el primer impresor francés Pasquier Bonhomme se estableció en 1476; hasta entonces todos los impresores establecidos en París eran alemanes. Uno de los mas celebres impresores parisienses de esta epoca es Antonio Verard que desde 1480 publicó un gran número de obras cuyos caracteres góticos son muy bellos. Sus libros sobre caballería errante son muy notables; están impresos en vitela y decorados con bellas miniaturas. Tales son las novelas de *Lancelote del Lago*, las *Profecias de Merlin*, el *Romance de la Rosa*, etc.

La produccion de libros se aumentó prodigiosamente hácia fines del siglo XV. Citase un impresor librero, Juan Petit, que ya en 1490, ocupaba él solo las prensas de quince compañeros, y empleaba, él mismo, 250 operarios. Entregaba, se dice, á los lectores 200 resmas de papel por semana, lo cual prueba, no solamente su mucha actividad, sino tambien lo mucho que el público se apresuraba á recoger los beneficios de la instruccion.

Las provincias francesas no permanecieron inactivas en este movimiento general del pensamiento escrito, pues cada cual quiso seguir á su vez el ejemplo dado por la capital. A fines del siglo XV, habia establecidas imprentas en todas las ciudades en que se honraba á las letras. La fecha del establecimiento de una imprenta en una de las villas de Francia es un indicio que señala con bastante exactitud el grado de civilizacion de sus habitantes.

Strasburgo vió aparecer el primer libro impreso dentro de sus muros en 1466; pero en esta epoca Strasburgo era una ciudad alemana, que no llegó á ser francesa hasta 1648 bajo la minoria de Luis XIV. A la antigua Lutecia pertenece pues el honor de haber sido la primer ciudad francesa en que se estableció la imprenta.

Lyon fue la segunda. Fue pues en 1423, es decir, tres años solamente despues que la capital, cuando fue dotada de una imprenta.

Angers vió parecer su primer libro impreso su 1477. Tolosa y Poitiers en 1478, Caen en 1480, Vienna (Delfinado) en 1481. Metz en 1482. Despues Froyer, Rennes, Abbeville, Besançon, Orleans, Dijon, Angulema, Bourges, Limoges, Tours, Avignon Valenciennes asistieron al primer establecimiento de imprenta dentro de sus muros en los últimos años del siglo XV. Aix esperó hasta 1575, para darse un impresor, y Marsella diez años mas.

El sabio Daunou ha calculado que durante el período de

cuarenta años que transcurrió entre la impresion de los primeros libros y fines del siglo XV, se habian publicado cerca
de 13,000 ediciones; lo cual, suponiendo que fuese la tirada
de 300 ejemplares, como se usaba entonces, y advirtiendo tambien que cada obra no se compusiera mas que de un solo volúmen, arrojaria un total de cerca de cuatro millones de volúmenes difundidos por Europa en 1500. De este número, es-
tima Daunou que las obras de escolástica y de religion forman
por lo menos las seis sétimas partes y las obras de literatura
y de ciencias diversas solamente una sétima parte.

Dasé el nombre de *incunables* á todos esos productos de la
infancia del arte, de la palabra latina *incunabula,* cuna.

La mayor parte de estas primeras ediciones son sumamente sencillas: en ellas no se vé ni numero de páginas, ni
signaturas, ni título corriente. Las letras iniciales están hechas en ellas las mas veces á mano, iluminadas con tinta roja
ó azul. La forma de los caracteres es gótica. El papel es gris
ó amarillo, pero reció y de una fuerza estraordinaria. Las
márgenes son muy anchas, bien sea con el fin de que los autores ó los lectores puedan añadir en ellas sus observaciones,
bien sea para que sus poseedores pudieran hacerlas embelle-
cer con adornos de diversos colores como los manuscritos antiguos.

CAPITULO VII.

La imprenta en Francia despues del siglo XVI.

Si el siglo XV puede enorgullecerse con justo título por haber visto nacer el arte precioso de la tipografía, el siglo XVI, llamado el siglo del *Renacimiento*, fue no solamente la era de las ciencias, de las artes y de las letras, sino tambien la mayor y mas ilustre epoca de la tipografía.

Durante este siglo en que se vió nacer á los Du Bellay, Erasmo, los Estienne, Dolet, Turnebe, Marot, Rabelais, Margarita de Valois, Cujacio, Ramus. Amiot, Montaine y otros, se esperimentó la prodigiosa influencia, de la imprenta en la civilizacion y el lustre literario que difundió sobre la Francia.

La emulacion y la armonia de los soberanos de Europa para proteger esta invencion mas divina que humana, segun la espresion de Luis XII; las tinieblas de la ignorancia disipadas casi instantáneamente por la luz de las letras griegas y latinas; el concurso de hombres superiores que, en esta época, consagran á la imprenta, su vida, sus talentos y su fortuna; la necesidad universal de instruccion y de mejoramiento social sucediendo á un prolongado estado de desórden, de agitacion y de malestar, todo concurre al desarrollo de este arte, que es el único que podia responder á las nuevas aspiraciones de la humanidad.

En Alemania, Federico III habia desde 1470 concedido á los tipógrafos estensos privilegios; habíales dado autorizacion para llevar trages bordados de oro y de plata como los caballeros, y les habia concedido armas de nobleza. En Francia y en Italia se les presentaron tambien favorables sus soberanos. Por letras ó cartas patentes, Luis XII y Francisco I, concedieron á los impresores numerosos privilegios y prerogativas; fueron eximidos de los impuestos, exentos del alojamiento de gentes de guerra, y de todo servicio militar. Asi como el noble no degeneraba en nada por ser vidriero ó papelero tampoco degeneraba el noble por ser tipográfo, puesto que esta profesion se hallaba completamente separada de las artes mecánicas.

Mientras que los Aldo Manucios llevaban en Venecia á tan alto grado de perfeccion el arte tipográfico, los impresores franceses luchaban á porfía en celo y en saber.

A la cabeza de esta pleyada de hombres célebres, impresores libreros, y escritores, aparece la familia, podria decirse, la dinastia de los Estienne, que reinó durante todo el siglo XVII por la ciencia y por la industria, con mas brillo que muchas familias reales. «Sus trabajos dice de Thou, han grangeado mas honor y gloria á la Francia que todos los altos hechos de los mas famosos capitanes, que todas las artes de la paz.»

Enrique Estienne, primero de este nombre y cabeza de esta ilustre familia de impresores, nació hacia 1470, de una noble familia de Provenza. Como Guttemberg, no temió degenerar de la nobleza de su raza, por ejercer el arte tipográfico, y en 1502 arrostrando hasta la desheredacion paterna, comenzó su establecimiento de librero impresor en París calle de Clos Bruneau, cerca de las escuelas de derecho. Ciento veintiocho obras se contienen en los catálogos como habiendo salido de sus prensas.

Roberto Estienne, su segundo hijo, fue uno de los hombres mas eruditos de su tiempo; poseía á fondo el latin, el griego y el hebreo; se habia casado con la hija del sabio profesor José Badio, persona de un raro mérito, que enseñó por sí misma el latin á sus hijos, y á sus criados, de tal suerte, que, en esta docta casa, donde se reunia la flor de los sabios, todo el mundo hablaba en latin, hasta el último operario.

Cada año salia de la imprenta de Roberto Estienne alguna nueva edicion de autor clásico, superior á las que podian ya existir, sea por la pureza de los textos, sea por la importancia de los prefacios y comentarios que añadia á ellos. La correccion de los textos, era objeto de los cuidados mas minuciosos; fijaba, segun se dice, sus pruebas en las paredes de las escuelas, prometiendo una prima á los que advirtieran en ellas una falta. Publicó una Biblia latina que enriqueció con notas y comentarios; y esta obra en la cual puso todos sus cuidados, es una de las obras maestras tipográficas de esta época. Pero desde que apareció, estallaron contra él las intrigas y las persecuciones de la Sorbona, con increible encarnizamiento y probablemente hubiera sido víctima de ellas á no ser por la proteccion de Francisco I que veia en este impresor una de las ilustraciones de su reinado. Desde este momento, Roberto Estienne fue contínuamente objeto de las persecuciones de los teólogos, que no querian que pudieran los legos comentar y vulgarizar las Escrituras.

Luis XI, á pesar de su prudencia y de su astucia, no había previsto la revolucion religiosa y política que se encerraba en la imprenta: creyó que la mano del poder podria siempre detener y apoderarse del pensamiento humano. En tiempo de Francisco I fue cuando se ostentaron en plena luz las nuevas ideas. El rey se mostró en un principio enteramente tolerante para la Reforma; amaba y estimaba á los hombres que, abrazaron, al menos en parte, las nuevas ideas; mientras que los escolásticos, enemigos entonces de las innovaciones religiosas, le inspiraban (desgraciadamente) un desprecio mezclado de aversion. Muchas veces detuvo las censuras de la Sorbona y las persecuciones contra los escritos de los libres pensadores. Pero, mas adelante, el ejemplo de los escesos cometidos en Alemania le hizo temer que la Reforma en Francia condujera al populacho á las mismas doctrinas y á los mismos escesos. Por otra parte, los intereses de su política en Italia le obligaron á hacerse un aliado del papa, y no se atrevió ya á oponerse á los rigores de la Sorbona, que en 1529 condenó á Luis Berquin, amigo de Erasmo y de Roberto Estienne, á ser ahorcado y despues quemado en la plaza de Maubert.

Las ejecuciones se multiplicaron en breve en muchas ciudades, bajo la influencia de la Sorbona y de los parlamentos, cuyos rigores provocaron es cierto, con sobrada frecuencia los reformados por un fanatismo intolerante.

Desde 1521, Francisco I habia dado una ordenanza por la cual se prohibia á los liberos imprimir ni vender ningun libro que no hubiera sido examinado y aprobado préviamente por la universidad y la Facultad de teología. Los libros debian someterse además á la aprobacion del prevoste de París. Estas ordenanzas fueron renovadas en 1529.

Los impresores–autores de este tiempo, se sometieron difícilmente á esta censura', y se negaron á veces á respetarla; pero la Sorbona, celosa de sus derechos, les hizo frecuentemente pagar sus veleidades de independencia, y desde entonces hubo una guerra declarada entre ellos.

La Sorbona que, en un principio favoreció tanto á la imprenta, espantada al ver la doctrina de Lutero propagarse rápidamente con las numerosas obras que se publicaban entonces, á pesar de sus rigores, llegó al punto de presentar al rey una súplica en 1525, amonestando vivamente á su soberano que si queria salvar la religion atacada por todas partes, era absolutamente indispensable *abolir para siempre en Francia*, por un edicto severo, *el arte de la imprenta, que abortaba diariamente tantos libros heréticos y perniciosos;* y tal era entonces la influencia de la Sorbona, que estuvo á punto de realizarse su proyecto. Pero Juan de Bellay, obispo de París y el sabio Guillermo Budeo, miembro de la universidad, pararon felizmente el golpe, suplicando al rey, que no deseaba otra cosa que dejarse persuadir á ello, que conservando un arte tan precioso, podria mas eficazmente remediar los abusos de que tan vivamente se quejaban.

La imprenta no fue, pues, suprimida; y Francisco I se contentó con reducir el número de impresores á doce, los cuales deberian escogerse ó designarse por el parlamento, para imprimir solos en París los libros aprobados por la Sorbona; prohibiendo á todos los demás *bajo la pena de ser ahorcados*, imprimir cosa alguna.

Sin embargo, su gusto por las letras, le hizo en breve retraerse de esta severidad. En 1538, por letras patentes dirigidas á la *república de las letras,* confirió al sabio profesor Conrado Neobar el título de impresor real de las obras en griego, y poco despues, á Roberto Estienne, el de impresor real de las obras en latin y en hebreo. Este edicto se termina así: «y queremos que esté al abrigo de los malvados y de la malevolencia de los envidiosos, á fin de que la calma y la seguridad [de una vida pacífica [le permitan entregarse con mas ardor á sus graves ocupaciones.»

La proteccion del rey, para imprimir, aun en griego y en hebreo era necesaria. Los teólogos eran hostiles á este género de estudios, y se oia en esta época á un monje pronunciar en el púlpito estas palabras: «Se ha descubierto una nueva lengua que se llama griego, de la cual debemos librarnos como de la peste; porque esta lengua concibe toda clase de heregías; en cuanto á la lengua hebrea, quien la aprende, se hace al punto judío. (Gaillard *Historia de Francisco I.*)»

Compréndese que hombres tales como Erasmo, Roberto Estienne y Dolet, se revelasen contra semejante ignorancia y rehusaran someterse sin apelacion á las decisiones de los teólogos. Así es que habia de parte de estos un odio y persecuciones sin límite.

«Tened cuidado, escribia el doctor Passavant de la Facultad de teología, al padre Guiancourt, confesor del rey, pedid que Roberto Estienne sea condenado como hereje y que no se le escape. No se diga que un hombre *mecánico* ha vencido al colegio de los teólogos:»

Sin embargo, Roberto Estienne se les escapó: mientras fue impresor del rey, permaneció al lado de este príncipe, aunque inquietado y acusado de herejía varias veces, por las ediciones de la Biblia que habia traducido él mismo del griego ó del hebreo.

En medio de todas estas agitaciones tan peligrosas, fue cuando publicó Roberto Estienne su *Thesaurus linguæ latinæ*, obra de una inmensa erudicion, y para la cual hizo enormes sacrificios. Su título de impresor real y el afecto del príncipe, le protegieron algun tiempo contra la animosidad de la Sorbona; pero Francisco I llegó á morir, y se agravaron las persecuciones. Previendo las consecuencias inevitables de esta incesante enemistad, y no encontrando en la buena voluntad de Enrique III una garantía suficiente, Roberto Estienne comprendió que era prudente abandonar á la Francia. Retiróse, pues, á Génova con su familia en 1552, y adjuró allí el catolicismo.

Menos feliz que Roberto, Dolet pagó con su vida sus burlas contra la ignorancia y la intolerancia de sus enemigos. Buen padre de familia, sabio, erudito, poeta elegante, lo mismo en latin que en francés, filósofo, y cristiano adicto á la antigua fe de sus padres, como él mismo lo declara en todos sus escritos, Esteban Dolet, hubiera debido ver deslizarse apaciblemente su vida en el culto de las musas, los trabajos de su imprenta y el comercio de sus doctos amigos Guillermo Budeo, Clemente Marot, Rabelais, etc. Encarcelado una vez, llegó á escaparse al Piamonte, de donde escribió al rey Francisco I que hizo anular la sentencia que le condenaba como autor de doctrinas perversas y heréticas.

Advertido de este odio sordo, Dolet debia callar completamente, ó como habian hecho sus amigos, Marot y Roberto Estienne, abandonar la Francia. Mas, por el contrario, desafiando los peligros, volvió á su patria y continuó escribiendo. Aquí era donde le esperaban sus enemigos, á la cabeza de los cuales se hallaba el presidente Lizet, hombre hábil que se jactaba de ahorcar á un hombre, si poseia tres líneas escritas por él.

El infortunado Dolet le suministró mas de lo que él pedia. Habiendo traducido del griego los *Diálogos de Platon*, hace decir á Sócrates: «La muerte no puede nada contra tí, porque tú no estás aun próximo á morir, y aun cuando hubieras muerto, no podria sucederte mas, porque entonces no serias ya nada »

La obra fue deferida á la censura, la cual viendo en estas palabras «*cuando hayas muerto no serás ya nada,* la negacion de la inmortalidad del alma, declaró al desgraciado Dolet, acusado y convicto de ser ateo relapso; y como tal, le condenó a ser ahorcado y quemado en la plaza de Maubert, «donde se levantaria y plantaria en el sitio mas cómodo y conveniente, dice la sentencia, una horca, alrededor de la cual, se encenderia una grande hoguera, á la que seria arrojado su cuerpo y quemado con sus libros.» Y así se hizo.

En este mismo lugar cómodo y conveniente, es donde fue ahorcado y quemado Luis Berquin, quince años antes, y donde fue ahorcado y quemado Juan Morel quince años despues (1559). Y muchos otros esperimentaron la misma suerte.

La prensa tomó muy bien su desquite, fuerza es decirlo, algunos años despues.

Los sucesos de Francisco I y de Enrique II, Francisco II y Cárlos IX, aumentaron todavía los rigores contra los impresores y los libreros,

Por letras patentes de Marzo de 1560, el rey Cárlos IX continuaba manteniendo á los impresores en todas las gracias, favores, derechos, privilegios, libertades, franquicias y exenciones, etc., concedidas por los reyes sus predecesores; pero al mismo tiempo, el rey poeta, expedia una ordenanza, que condenaba á todos los impresores y vendedores de pasquines y libelos, y hacia colgar y quemar vivo al librero, Martin Lhomme, acusado y convictó de haber vendido una sátira contra los Guisas. Y dos años despues, el desgraciado Agustin Martorat era ahorcado en Rouen de órden de Francisco de Guisa.

Estos rigores no contuvieron la locuacidad de los reformados, porque en 1565, se divulgó por París una sangrienta diatriba intitulada: *el Discurso maravilloso de la vida, acciones y destierro de Catalina de Médicis, reina madre, en el cual se recitan los medios que ha obtenido para usurpar el gobierno del reino de Francia y arruinar al Estado de este.* Esta sátira, sin lugar de impresion ni nombre de impresor, se atribuye á Teodoro de Beza, este osado predicador á quien se vió en la batalla de Dreux, á la cabeza de las tropas protestantes, armado de todas armas. Muchos autores contemporáneos aseguran, que despues de haberse hecho leer la obra, dijo Catalina: que si la hubiere consultado el autor, hubiera podido referir otras muchas; palabras bien dignas de las que debia concebir y hacer ejecutar la matanza de San Bartolomé.

El año de esta fatal jornada (1572) en medio de las circunstancias mas difíciles, fue cuando Enrique Estienne, hijo de Roberto Estienne, hizo aparecer el Thesaurus *Grœcœ Linguœ*, monumento de prodigiosa erudicion. Este inmenso trabajo que escedia los recursos pecuniarios de Estienne, fue á un tiempo mismo causa de su gloria y de su ruina. El esceso de sus vigilias le hizo envejecer antes de tiempô. «Pero la pérdida de mis bienes y de mi juventud me afectan poco, dice él al lector, si mi trabajo obtiene tu favorable acogida. «Nobles palabras, dignas del hijo de Roberto Estienne. No menos que su padre se dedicó al amor al estudio; tuvo el mismo entusiasmo por el arte y la misma fe política y religiosa. Ambos, por sus trabajos, su probidad y su celo sobre humano, elevaron la tipografía á la dignidad de un sacerdocio.

Enrique Estienne ha dejado además de su *Tesoro de la lengua griega*, que hubiera bastado á la gloria de un hombre, una magnífica edicion de los poetas griegos, verdadera obra maestra tipográfica, y muchas obras estimadas sobre la *Precelencia de la lengua francesa*. Pero, en una edad bastante avanzada, Enrique Estienne, arruinado por su desinterés, perseguido por sus opiniones religiosas, y trastornado su entendimiento pos sus inmensos trabajos, fué á morir al hospital de Lyon.

Despues de la muerte de Cárlos IX, la licencia de los escritores avanza grandemente, y en breve la audacia de los impresores y de los libreros no conoció ya límites; apareciendo sátiras y libelos por centenares y por millares.

A este propósito, dice l' Estoile en sus memorias: «no está en el poder de toda la facultad, impedir á la libertad francesa el hablar, como no lo está el sepultar el sol debajo de tierra ó encerrarlo en un agujero.» Publicáronse numerosos escritos satíricos contra Enrique III y sus privados, algunos de ellos tan villanos, escandalosos y malignos, como si describieran una córte de Sodoma....

No eran menos numerosas las caricaturas, que las sátiras, y no eran ni menos atrevidas ni menos licenciosas; eran tambien mas temibles en cuanto que herian vivamente la imaginacion de las masas que no sabian leer.

Algunos de sus autores fueron cogidos y quemados en Greve, y el mismo Enrique Estienne tuvo que fugarse de París. Refugióse en las montañas del Auvernado, cubiertas entonces de nieve, y dijo jocosamente, que jamás habia tenido tanto frio como el dia en que se le quemó en efigie en la plaza de Greve.

Citaremos aun entre los numerosos impresores del siglo XIV á Turnebo y los Morel, que se distinguieron no menos por su vasta erudicion que por el celo y el talento con que ejercieron su profesion de impresores; Godofredo Tory, poeta, historiador, dibujante, grabador y fundidor; Roberto Estienne III, hijo de Enrique Estienne, poeta y traductor del rey para las lenguas griega y latina, asi como su hermano Pablo Estienne, que se distinguió por su erudicion y por las escelentes ediciones que publicó y enriqueció con sus comentarios.

Gracias á la actividad, á la inteligencia, al saber de estos hombres escogidos, la imprenta y la librería adquirieron inmenso desarrollo. La agradable forma de los caracteres, la calidad de la tinta y del papel, la elegancia y la riqueza de los adornos, la correccion del texto, dieron á las ediciones de París una gran superioridad sobre las de otras ciudades y las hicieron buscar en el estranjero.

Durante este siglo, la Biblioteca real vió aumentarse considerablemente sus riquezas. Francisco I, que amaba y cultivaba las letras, hizo venir con grandes dispendios de Grecia y de Italia las obras de los poetas y de los historiadores mas célebres de la antigüedad y las hizo reproducir por los impresores reales.

Por ordenanza de 1556, Enrique II exigió que se entregara en la Biblioteca real un ejemplar impreso en papel vitela de todo libro autorizado. Esta ordenanza, que debió, segun se dice, á Diana de Poithiers, á quien le gustaban mucho los bellos libros, y que continuó rigiendo bajo los sucesores de Enrique II, no contribuyó poco á enriquecer esta biblioteca única en el mundo por sus tesoros.

El desarrollo de la imprenta, un momento trabada en el siglo XVI por la censura religiosa, recobró todo su brillo en el siglo XVII. El dominio del pensamiento tomó incremento, generalizóse el gusto á la instruccion, y por todas partes, en todas las clases de la sociedad, se hizo la luz.

Desde el advenimiento de Enrique IV, hasta la muerte de Luis XIV, las ordenanzas relativas á la imprenta y á la librería introdujeron pocas modificaciones á la legislacion establecida precedentemente.

Enrique IV se mostró muy tolerante; en su reinado no se aplicaron medidas de rigor, y los satíricos no se entregaron demasiado al abuso. Bajo la regencia de María de Médicis, las prensas de París atizaron el fuego de la guerra de los príncipes contra los Concini y de Luynes. Algunos llegaron hasta ensañarse contra el obispo de Luçon, mas adelante cardenal de Richelieu.

Por edicto del mes de agosto de 1624, Luis XIII creó cuatro censores reales y prohibió á los impresores imprimir, asi como á todo librero, vender libro alguno desprovisto de la atestacion y aprobacion de los censores, bajo pena de 3,000 libras de multa.

Esta censura no consiguió su objeto, y ofrece de curioso que el primero de estos censores reales, Mellin de Saint Gelais, y uno de los últimos, Crebillon, hijo, son precisamente dos de esos escritores licenciosos, cuyas obras hubieran merecido pasar por el crisol legal puesto en sus manos.

Bajo el ministerio de Mazarin, el número de libelos ó folletos satíricos fue tan considerable, que tomaron el nombre de *mazarinadas*. «Era como un enjambre de moscas y avispas engendradas por los mayores calores de verano,» dice un autor contemporáneo. La biblioteca de las Cartas posee una coleccion de ellos de ciento cuarenta volúmenes en 4." París es quien ha puesto allí este ejército de libelos. No solamente no se espantó de ellos Mazarin, sino que, si ha de creerse á ciertos escritores contemporáneos, el mismo astuto ministro los componia.

A principios del siglo, un célebre grabador, Guillermo lo Bé, estableció la primer fundicion de caracteres particular de Francia. Juan Guigniard, Jorge José y Sebastian Cramoisy fueron los primeros impresores-editores de la época. Este último, sobre todo, publicó un número considerable de obras latinas, griegas y francesas, y se distinguió por la belleza y la correccion de sus ediciones. Cuando Luis XIII, obrando por inspiracion del cardenal de Richelieu, fundó en el Louvre una imprenta real (1640), se confió su direccion á Sebastian Cramoisy. Este magnífico establecimiento se fundó para propagar la fe católica en Oriente, y fue destinado á imprimir libros para entregarlos gratuitamente á los misioneros. Los gastos de la imprenta real ascendian entonces á trescientos sesenta mil libros. La primer obra que se imprimió en ella es la *Imitacion de Jesucristo*, en latin, en fólio.

En esta época (1631) fue cuando apareció *La Gazeta,* madre de todos los periódicos franceses. Fue fundada por Teophrasto Renaudot, médico de París, que reunia por todas partes noticias para distraer á sus enfermos. Bien pronto imaginó especular mas estensamente con la curiosidad pública, vendiendo estas mismas noticias á los que estaban sanos. Renaudot obtuvo la proteccion del cardenal de Richelieu y llegó á ser consejero médico del rey, que le concedió para su periódico un privilegio. Este adquirió voga y le dió á ganar mucho dinero.

Antes del periódico de Renaudot, habia aparecido en Venecia una especie de diario, que se llamaba gaceta, del nombre de una pequeña pieza de moneda (*gazetta*) que se pagaba por leerlo.

El periódico de Renaudot era hebdomadario, compuesto de ocho á doce páginas en 4.° Richelieu hizo de este periódico un instrumento de su política, redactó en él artículos, é hizo insertar tratados de paz y notas diplomáticas, cuando podia servir su publicidad á sus miras; así, la gaceta contiene útiles materiales para la historia del reinado de Luis XIII. Renaudot avanzó en el favor de Mazarin, aun mas de lo que habia avanzado en el de Richelieu; este favor le atrajo muchas pullas picantes de los libelistas de la Fronda.

Uno de estos libelos se titula: *La nariz podrida de Theophrasto Renaudot, gran gacetero de Francia y espía de Mazarin.* La gaceta pasó al hijo y al nieto de su fundador, y conservó durante un siglo su tamaño y su publicacion hebdomadaria; mas adelante llegó á ser la *Gaceta de Francia.*

Uno de los monumentos mas notables de la tipografía en el siglo XVII, es la Biblia políglota en siete lenguas: el hebreo, el samaritano, el caldeo, el griego, el siriaco, el latin y el árabe, que hizo imprimir á su costa el presidente Le Jay por el impresor del rey Antonio Vitré. El presidente Le Jay, que habia sacrificado á esta grande obra 100,000 escudos, hallándose completamente arruinado, se hizo eclesiástico y prefirió soportar la miseria antes que poner en su políglota el nombre del cardenal de Richelieu, que le ofrecia con esta condicion reembolsarle de todos sus gastos. Esta obra que requirió diez y siete años de trabajos, pereció en 1645.

En tiempo de Luis XIV, se pusieron en vigor las ordenanzas contra los impresores y vendedores de libelos; disminuyó mucho el número de los libelistas, pero estos fueron mas violentos y apasionados. La mayor parte venian de Holanda, donde nuestra conquista habia dejado sangrientos recuerdos y donde se habian refugiado los escritores protestantes arrojados de Francia por la revocacion del edicto de Nantes. Algunos autores pagaron caras sus sátiras; así es que Chavigny, autor del *Puerco mitrado,* libelo dirigido contra el arzobispo de Reims Le Tellier, hermano de Louvois, se refugió á Holanda; pero habiendo tenido la imprudencia de dejarse seducir y atraer á las fronteras de Francia por un espía del ministro, fue arrestado y encerrado en el monte de San Miguel, en una jaula de hierro, donde vivió treinta años.

El superintendente de policía M. de la Reynie hizo ahorcar en Greve, despues de haberle hecho aplicar el tormento á un impresor y á tres libreros convictos de haber propagado un libelo sobre el matrimonio secreto del rey con madama de Maintenon, que tenia por título, *La sombra de Scarron*. Otros muchos impresores y libreros, fautores de libelos, pagaron su delito, yendo á las galeras.

La imprenta y todo lo concerniente á la librería habia perdido mucho bajo el gran rey. No era ya ese celo desinteresado, esa noble emulacion lo que distinguia á los impresores del renacimiento. El amor á lo bello comenzaba ya á ser reemplazado por el amor al lucro. Un edicto de Luis XIV, de 1649 nos suministra la prueba:

«Reconociendo los grandes desórdenes que se han introducido en la imprenta, y que, con perjuicio de nuestros reglamentos, se recibe diariamente en esta profesion á personas incapaces de ejercerla..... que se imprimen en París tan pocos buenos libros y que lo que se imprime parece tan manifiestamente descuidado por el mal papel que se emplea y por la poca correccion con que se ejecuta, que podemos decir que es una especie de vergüenza y de gran perjuicio para nuestro Estado..... que estos grandes abusos se han introducido por la incapacidad de los maestros; que han procedido de su escesivo número y de la poca inteligencia que tienen los impresores y los libreros de nuestro reino... Para evitarlos y dar á la mas bella y á la mas útil de todas las artes su verdadero lustre, nos hemos hecho presentar las ordenanzas de los reyes nuestros predecesores, vistas las cuales... hemos resuelto hacerlas observar estrictamente.»

Algunos impresores de esta época son, no obstante, dignos de notarse por su saber y por el cuidado con que ejercian su profesion. Tales son entre otros Pedro Rocolet, síndico de la sociedad de libreros é impresor del rey, á quien Luis XIV, dió, como muestra de estimacion, una medalla y una cadena de oro; Luis Bilaine que sabia el griego, el latin, el español y el italiano, y que enriqueció sus libros con prefacios y notas. Este fue quien publicó el *Glosario* de Du Cange y la *Diplomatica* del P. Mabillon; Luis Thiboust, impresor de la universidad, que compuso un poema latino sobre la tipografía; por último, Pedro le Petit, que imprimió en 1694 la primera edicion del *Diccionario de la Academia francesa*.

Desde el siglo XVIII, todas las ciudades algo importantes tuvieron imprentas, y su número llegó á ser tan considerable, que suprimió cincuenta una providencia del consejo; redújose su número á treinta y seis para París y á doscientos catorce para toda la Francia.

El rey Luis XV tenia gusto por la imprenta, como mas adelante Luis XVI lo tuvo por la cerrajería. Compuso é imprimió el mismo, en 1718, una obra titulada: *Curso de los principales rios de Europa*, en 8.°, y confió al canciller d'Aguesseau el cuidado de redactar un nuevo reglamento para la librería y la imprenta de París.

En cuanto á las medidas represivas, fueron casi las mismas. La historia de la libertad de la prensa, en el siglo XVIII, no ofrece casi otra cosa que la repeticion de lo que se habia visto en el siglo XVII. El despotismo absoluto que pesó entonces sobre la Francia, entregaba sin defensa á los escritores y á los impresores á la venganza del poder ó de los hombres que tenian algun crédito. El menor escrito, asi como la menor palabra, motivaba una carta secreta que abria las puertas de la Bastilla y á veces para largo tiempo. Y como ya se ha dicho, no era permitido imprimir que se habia perdido un perro, sin que la policia se asegurase de que no habia en las señas del pobre animal, ningun propósito contrario á la religion y á las buenas costumbres.

A principios de este siglo es cuando aparece la ilustre familia de los Didot, dignos continuadores de los Estienne. Los diversos miembros de esta familia, que goza aun en nuestros dias de una fama gloriosa, se distinguieron no menos por su saber que por el cuidado y la habilidad con que practicaron su arte. La perfeccion que llevaran á él, y las obras maestras que hicieron brotar sus prensas, elevaron al arte tipográfico al apogeo de su esplendor.

El fundador de esta dinastía, Francisco Didot, hijo de Dionisio Didot, comerciante de París, fue recibido librero en 1713, y despues impresor. Fue amigo íntimo del abate Prevost, y publicó todas sus obras. El abate Bernis estuvo en su juventud empleado en su casa como corrector.

En 1751 parec ió el primer volúmen de la grande *Enciclopedia*, impresa y puesta en órden por Diderot y d'Alembert, veinte y ocho volúmenes en fólio, el último de los cuales es de 1772.

Francisco Antonio Didot, impresor del rey y del clero, perfeccionó, no solamente la tipografía, sino tambien la fabricacion de papel; inventó la prensa de un solo golpe, regularizó la fuerza de cuerpo de las letras é hizo grabar una nueva serie de caractéres por su hijo Fermin Didot, hábil grabador y fundidor. Hizo venir de Holanda operarios para fabricar los cilindros, para moler los trapos , y fue el primero que hizo ejecutar en Francia el papel vitela. Sus bellas ediciones gozan de una justa celebridad; se le debe la coleccion del conde de Artois y la de los clásicos franceses, impresa de órden de Luis XVI para la educacion del Delfin, *ad usum Delphini*.

En 1790, Benjamin Franklin vino á visitar su imprenta y le confió su nieto, al cual Fermin Didot enseñó el grabado y la fundicion de los caracteres. Su segundo hijo, Pedro Francisco Didot, es el creador de la papelería de Essonne, donde, mas adelante uno de sus nietos introdujo la máquina de papel contínuo.

En 1784 pareció el primer volúmen de la edicion completa de las *Obras de Voltaire*, publicada en Kehl por Beaumarchais. Este rico é ingenioso escritor, queriendo difundir las *Obras de Voltaire*, y levantar al mismo tiempo un monumento grandioso al autor, alquiló por diez y ocho meses el fuerte de Kehl sobre el Rhin, á fin de reunir en él los operarios que hizo venir de parte de Suiza y de Alemania, y estar allí en mayor seguridad contra la persecucion. Hizo reconstruir, especialmente en los Vosgos, antiguas fábricas de papel que rivalizaron en breve con las de Holanda, y que conservan aun su celebridad; Beaumarchais consagró mas de tres millones á esta empresa, la mas vasta y mas costosa quizá que háya existido jamás en librería, sobre todo en tan corto espacio de tiempo. Los setenta volúmenes fueron impresos en seis años (1784-89), y se imprimieron veinte y ocho mil ejemplares en dos ediciones diferentes, la una en 8.°, la otra en 12.°; y á fin de hacer esta obra accesible á toda clase de fortunas, se tiró de cada uno de estos tamaños en diferentes clases de papel. Condorcet fue el encargado de redactar las notas.

Finalmente, la constitucion de 14 de setiembre de 1791 proclamó la libertad de la prensa : « La constitucion, dice el artículo 3, garantiza á todo hombre la libertad de escribir, de imprimir y publicar sus pensamientos, sin que puedan someterse sus escritos á censura ni inspeccion alguna antes de su publicacion.

En agosto de 1792, Marat hizo quitar de la imprenta nacional, ex-real, en nombre del Ayuntamiento de París, cuatro prensas con los accesorios necesarios para la impresion de sus libelos revolucionarios. No fue uno de los contrastes menos estraños de esta época, ver los tipos de Luis XVI servir, de esta suerte, para la impresion de los folletos mas demagógicos.

TERCERA PARTE.

LA HILANDERÍA, LA FÁBRICA DE PAPEL Y LA IMPRENTA MODERNAS.

CAPITULO PRIMERO.

Un capítulo de botánica.

Si cogemos una planta, una de las mas sencillas, una planta herbácea, por ejemplo, advertiremos desde luego en ella dos formas muy distintas; la forma redonda y la forma plana. La primera que parece constituir el cuerpo de la planta, es el tallo; la segunda pertenece á las hojas dispuestas á lo largo del tallo ó de sus ramas.

Esta parte redonda presenta dos aspectos diferentes, la parte provista de hojas es verde, se ramifica de abajo arriba, adelgazándose á medida que asciende, de suerte que su punto mas voluminoso toca al suelo; este es el tallo; la parte inferior, desprovista de hojas y subterránea, pálida, se ramifica de arriba abajo, y se adelgaza á medida que se hunde en tierra; esta es la raiz. De aquí resultan dos cuerpos ramosos, aplicándose el uno al otro por su parte mas ensanchada, y desarrollándose en sentido inverso; estos dos cuerpos, uno de los cuales, superior, propende siempre á subir, y el otro, inferior, propende siempre á bajar, constituyen el eje vegetal.

Si se divide este eje á lo ancho, se verá que se compone de filamentos blancos, tenaces, puestos unos al lado de otros y formando haces mas difíciles de romper de través que de separar longitudinalmente. Entre estas fibras se halla repartida una materia blanda, esponjosa, mas ó menos verde ó blanca, segun la edad de las ramas. Estos filamentos blancos, glutinosos, son las *fibras* que forman la parte sólida del vegetal, y la materia blanda y esponjosa es el parenquima ó tejido celular de la planta.

Si, con el auxilio de un anteojo de aumento, de un microscopio, examinamos esta pulpa interior, tendremos á la vista una figura que nos recordará con bastante exactitud el maravilloso trabajo de las abejas, es decir, una série de cuartitos ó celdas formadas por una membrana sutil y trasparente y unidas unas á otras por sus paredes, de modo que forman un tejido sólido; cada una de ellas está llena de agua en la cual nadan granitos de materia blanca. Estos granos son la fécula del almidon.

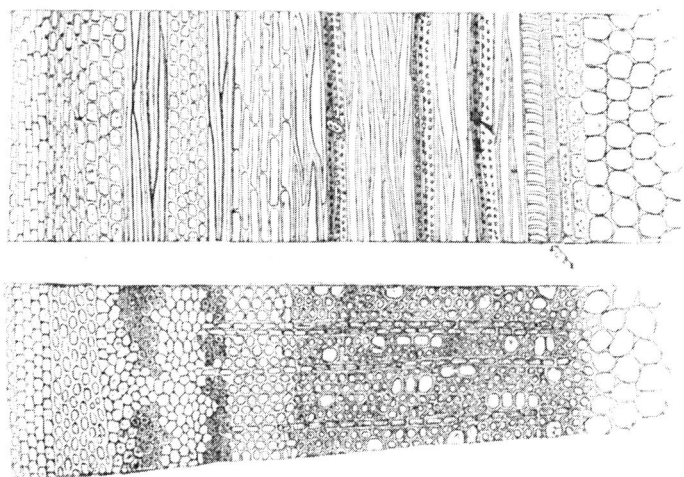

Tejido celular.—Corte trasversal ó perpendicular.

En todas las plantas, el órgano elemental es un globulillo, una celda, que apilada por miriadas y miriadas, forma todas las partes del vegetal. En el tejido celular propiamente dicho, ó parenquima, conservan las celdas su forma de huevo, pero en otras circunstancias estas celdas toman una forma muy prolongada, ó se ajustan cabo con cabo, abriéndose en los estremos para comunicarse entre sí, constituyendo de esta suerte canales mas ó menos largos, como cabellos, pero mas finos aun; estas son las fibras y los vasos. Como estas fibras tienen por objeto consolidar el edificio vegetal, se incrustan de una materia dura conocida con el nombre de leñosa, y constituyen la madera.

Sea cualquiera su forma, su trasparencia ó su aspecto, celdas ó fibras, se forman con la misma sustancia, la *celulosa*.

Todas las partes de la planta, tallo, hojas, flores, frutos, corteza, madera ó médula, se forman siempre de celdas ó de fibras, y por consiguiente el fondo de su estructura es siempre la celulosa.

Los vegetales toman su alimento á un tiempo mismo en la atmósfera y en el suelo; en la atmósfera por medio de las hojas, y en el suelo por las raices, y mezclando, asociando, combinando las materias primeras que han llegado por estas dos vias, preparan el zumo gomoso, la sávia que los nutre, siendo con la sávia con lo que hace la planta sus celdas; estos son los morrillos del edificio vegetal.

A costa de la sávia es como en los vegetales se forma cada año, entre la corteza y las capas leñosas, una sutil cubierta, un encaje que se sobrepone al interior de las otras. De aquí resulta, respecto de esta parte interna de la corteza, la contextura hojosa que la ha hecho comparar á un libro y la ha valido el nombre de *liber*.

Las fibras del liber son largas, flexibles y viscosas, y la reunion de estas cualidades nos las hace preciosas para nuestro uso personal. Asi es que nos vestimos con los despojos de la planta. Los tejidos de lujo, batista, tul, gasa, encajes, se sacan de la corteza del lino; los tejidos mas fuertes hasta el lienzo de velas, se sacan de la corteza del cáñamo. En cuanto al algodonero que es la primera de las materias hilables, no tiene sus fibras hilables en su tronco ó tallo sino en la cáscara ó corteza de sus frutos. El algodon no es otra cosa que la celulosa de una gran pureza: fórmase de filamentos celulosos de perfecta blancura y exentos de toda materia estraña. La que,,por el contrario, forma la madera, el tronco de los árboles, es la mas pura de todas, y en ciertas maderas pesadas y duras, como el roble, la materia incrustante es mas abundante que la celulosa. Los árboles blancos y ligeros, tales como el abedul y el álamo, son los mas ricos de celdas.

La celulosa es una materia insoluble, resistente, casi inalterable. Los ácidos mas violentos tienen solo accion sobre ella; el ácido sulfúrico la trasforma en azúcar, el ácido nítrico en *fulmialgodon*. Es, pues, preciso una poderosa accion para modificar la celulosa, pues es materia que resiste á todas las causas de destruccion. Esta inalterabilidad es providencial; sus cualidades la hacen propia para multitud de usos; pero es preciso para esto desembarazarla de las materias que la encostran y alteran su blancura natural. Consíguese este objeto con baqueteos y lavaduras y con la accion de ciertos agentes químicos.

Las fibras que forma dan entonces la hilaza, la cual, trasformada en hilo, sirve para hacer encajes, y esa gran variedad de tejidos que llevan el nombre de telas.

Estos tejidos sirven para multitud de usos y se hallan sometidos á numerosas causas de destruccion; lavaduras con ceniza corrosiva, contacto con la acritud del jabon, batiduras, esposicion al sol, al aire, á la lluvia. Finalmente, se rasgan en tiras, se las mancha con toda clase de impurezas, y se las arroja á un rincon como inútiles. Pero entonces estos restos, estos harapos, que se creian inútiles, se convierten en la materia primera de un nuevo manantial de industria. Recogidas entre las inmundicias de la calle por el trapero, se la somete nuevamente á rudas lavaduras, que bien las necesitan. Apodéranse de ellas las máquinas, córtanlas y las desgarran uñas de acero; tritúranlas cilindros, las deshacen en el agua y las reducen á líquido; su pasta es gris, y es preciso blanquearla; entonces se hacen intervenir violentas drogas que alteran cuanto tocan, y en menos de nada, la ponen blanca como la nieve.

Ya han vuelto al estado de fibras vegetales, de pura celulosa. Estas fibras unidas y entrecruzadas con la preparacion que se hace esperimentar á la pasta, producen esas hojas blancas tan flexibles y tan sólidas que constituyen el papel.

El lienzo y el papel no son, pues, mas que celulosa.

CAPITULO II.

Materias hilables.—El lino y el cáñamo.

Los tallos de casi todas las plantas y los pelos de la mayor parte de los animales son susceptibles de trasformarse en filamentos hilables. Sin embargo, el número de materias primeras que se emplean con ventaja para la industria de los tejidos es bastante limitado. Limítase en Europa, respecto de los vegetales, al algodon, al lino, al cáñamo, á la retama, y subsidiariamente, al *phormium tenax*, al chino-graso, á la ortiga blanca de la China, á la Abaccá, y á algunas otras plantas de las Indias. En cuanto á las materias hilables suministradas por el reino animal, tales como las lanas y las sedas, no tenemos que ocuparnos aquí de ellas puesto que no entran en la fabricacion del papel.

Nada mas bello que ver un campo de lino, cuya superficie ondula en olas de azul al menor soplo de viento.

Mirado aisladamente el lino comun, es una planta anual que crece espontáneamente en nuestros campos: su tallo de 6 ó 7 decímetros de alto, es delgado, recto, cilíndrico, con ramas solamente en la cima: las hojas colocadas alternativamente á lo largo de su tallo, son prolongadas, estrechas y puntiagudas. Sus flores, de un bello azul, nacen en la cima del tallo; compónense de cinco hojas ó pétalos dispuestos en forma de clavel, en un cáliz de cinco hojas agudas. Estas flores, muy fugaces, se abren en los meses de mayo y junio. A la flor sucede un fruto casi esférico, del tamaño de un garbanzo, dividido en diez chocillas, cada una de las cuales encierra un grano oblongo, aplanado, luciente, de color purpurino.

El lino es objeto de muy importantes cultivos, sobre todo en el norte de la Francia y en Bélgica. Su cultivo ofrece po-

cas dificultades; requiere, no obstante, una tierra ligera,
bien preparada : siémbrasela al vuelo, casi siempre en primavera, en marzo, algunas veces en setiembre; pero las dos
recolecciones se hacen casi al mismo tiempo; arráncase el lino de otoño á principios de junio, y quince dias despues el
lino de primavera. Esto se efectúa cuando la planta, despues
de haber verificado las diversas fases de la vegetacion, comienza á endurecerse; entonces adquiere un tinte parecido
al color de limon; desarráigase en tiempo seco, y se depo-
sitan los tallos en tierra, en paquetitos, para que se sequen
enteramente ; despues se estrae el grano con un mazo, ó fro-
tando simplemente el estremo de los granos con la mano.

El lino es precioso, no solamente por los productos que se
sacan de sus fibras, sino tambien por los que dan sus granos.
De estos se hace en medicina un uso muy frecuente y un
enorme consumo. En efecto, además del aceite craso que
contienen en abundancia, y que se emplea en multitud de
usos en las artes y la industria, encierran cantidad considerable de mucílago, y su decoccion en el agua se emplea con
el mayor éxito en todos los casos de inflamacion. Los residuos
de estos granos, de que se estrae el aceite, sirven tambien
para cebar el ganado cuadrúpedo. Pero no entra en nuestro
objeto estendernos sobre estas propiedades.

Vése con frecuencia mencionado el lino en la Sagrada Escritura, y Moisés nos enseña que se cultivaba en el Egipto
desde tiempo inmemorial; asi nos lo demuestran por otra
parte las fajas de lino con que se hallan envueltas las momias egipcias. Por su parte, Herodoto, este verídico observa-
dor, nos dice, que los asirios y los egipcios llevaban una tú-
nica de lino debajo de una capa de lana. Cuando los romanos conquistaron el Egipto, adoptaron muchas de sus costumbres y se difundieron en Italia las telas de lino. Plinio
refiere que los germanos cultivaban el lino y hacian con él
hermosas telas. Su cultivo y su preparacion eran obra de las
mujeres. Sin embargo, las telas de lino fueron por mucho
tiempo raras y costosas, sobre todo, en Francia, puesto que
se sabe que la reina Isabel de Baviera fue la primera que, no
contentándose con las camisas de sarga que se usaban en su
tiempo, se permitió el lujo de poseer dos camisas de tela de
lino; lo cual se le censura como una prodigalidad inaudita.
Hácia la misma época, se ofrecia á los emperadores y á los
reyes servilletas fabricadas en Reims, á título de objetos raros y preciosos.

El nombre griego *linon* proviene, segun se dice, de la palabra céltica *llin*, hilo.

El cáñamo es una planta anual, mucho mas robusta que el lino; su tallo recto, liso en toda su longitud y casi deshilachado, se eleva de 1 metro 50 centímetros á 2 metros de altura; este tallo es cuadrangular, velludo, áspero al tacto, y cubierto de una corteza que se divide en filamentos. Sus hojas, colocadas alternativamente á lo largo del tallo, son digitadas ó compuestas de cinco hojuelas estrechas, dentelladas como las sierras, ásperas al tacto, de un verde oscuro por la parte superior y esparciendo un olor fuerte.

El cáñamo.

Las flores machos y las flores hembras se elevan en pies ó matas diferentes; en los pies machos, las flores forman pequeños racimos debajo de las hojas superiores; estas flores, poco notables, se componen de un pequeño cáliz de cinco conchas que arrojan cinco estambres sin corola. A lo largo de los tallos de las plantas hembras nacen numerosos frutos, sin que se manifieste ninguna flor; hállanse compuestos de pistilos envueltos de una cápsula membranosa. A estos pistilos suceden granos redondos, lisos, que contienen una almendra blanca, dulce, oleosa y de un olor fuerte. Este grano es conocido con el nombre de cañamon, y sabido es cuánto gustan de él los pájaros.

En el campo, los cultivadores llaman impropiamente cáñamo macho al que tiene granos, y cáñamo hembra al que lleva flores; en sentido contrario á lo que es realmente.

Los pies de cáñamo macho, es decir, los que tienen las flores, son siempre en mas pequeña cantidad que los pies hembras; y habitualmente son tres veces menos numerosos. En su juventud, crecen mas pronto que los pies hembras y superan á estos en el momento de la florescencia, de suerte que están colocados mas cómodamente para esparcir su polvo fecundador á los pies de las hembras. Pero despues de la fecundacion, estos últimos continúan elevándose, y no tardan en alcanzar y aun en sobrepujar á los pies machos, cuyo crecimiento se ha detenido. A causa de esta mayor elevacion y del grueso de su tallo, los habitantes de las campiñas dan el nombre de cáñamo macho al pie hembra en virtud de la creencia de que el sexo masculino es siempre superior y mas fuerte.

El cáñamo requiere una tierra removida y crasa; el tiempo conveniente para sembrar es el en que no hay que temer las grandes heladas; pero es mejor, en general, sembrar un poco temprano, á fin de que las semillas se aprovechen de las lluvias, bastante ordinarias en el equinoccio de la primavera. El grano se siembra claro ó espeso, segun el uso á que se destina el cáñamo; si se ha de emplear en fabricar telas, debe sembrarse espeso el grano, porque, en tal caso, la corteza mas fina produce un hilo mas fino, mas suave, mas sedoso y se blanquea mas fácilmente. Cuando el cáñamo se destina á la cordelería, se le siembra claro, porque los pies toman mas desarrollo y dan un hilo mas fuerte y mas largo.

Arráncanse los pies machos casi tan pronto como han cumplido su destino, fecundizando los granos de los pies hembras; es decir, se arrancan de julio á agosto. Solo cinco ó seis semanas despues se arrancan los pies hembras, para que puedan adquirir los granos su perfecta madurez. Cuando esto sucede, se seca la planta, la parte alta del tallo amarillea y la parte baja blanquea. Despues que se le arranca, se desgranan los tallos y se les pone en cajitas para secarlos.

Todas las partes de cáñamo difunden un fuerte y mal olor, considerándose esta planta como muy deletérea. Cuando se permanece por algun tiempo espuesto á las emanaciones que se elevan de una plantacion de cáñamo, no se tarda en esperimentar un dolor de cabeza violento, acompañado de vértigos, en una palabra, los primeros síntomas de la embriaguez. Estos fenómenos son tanto mas notables cuanto que se cultiva la planta en un pais mas meridional, porque parece que en el Norte pierde la mayor parte de su actividad.

En la Cochinchina y en la India, los habitantes mezclan las hojas de cáñamo con las del tabaco de fumar, y se procuran por este medio una alegría y una especie de embriaguez cuyos efectos son casi los mismos que los del haschisch de Oriente. Esta última sustancia se prepara en Arabia y en Egipto con cabos de cáñamo machacados con manteca y azúcar. El haschisch provoca un estado nervioso sumamente particular, es una especie de voluptuosa embriaguez, durante la cual presenta la imaginacion los cuadros mas agradables y los objetos mas encantadores. Para los orientales que hacen uso de él, esta preparacion es una especie de iniciacion á las delicias del paraiso de Mahoma. Por medio del haschisch es como el Viejo de la Montaña, tan célebre en la historia de nuestras cruzadas, se apoderó de la imaginacion de los fanáticos llamados por los cruzados asesinos, de la palabra árabe *haschichins* (comedores de haschisch).

Los efectos producidos por esta sustancia están lejos, no obstante, de ser los mismos respecto de todos los individuos; algunas personas han sido singularmente engañadas en sus esperanzas, haciendo uso de esta droga, no habiendo esperimentado sino malestar, náuseas y un estado fatigoso, en vez del placer y del bienestar que se les habia prometido. El uso inmoderado del haschisch produce, como el ópio, el estupor, la consuncion y la muerte.

El grano del cáñamo, conocido con el nombre de cañamon, es de utilidad muy variable; suministra un alimento tan sustancioso como sabroso á los pájaros, y especialmente á nuestras encantadoras aves de pajarera; los aldeanos rusos y polacos se los comen machacados con una poca sal y puestos en su pan negro.

El aceite de cañamon es bueno para arder, y entra en la preparacion de ciertos ungüentos y del jabon verde. Sus residuos, como los del lino, son buscados por el ganado cuadrúpedo á quien ceban.

El cáñamo, dice Herodoto, crece naturalmente en Scitia; los tracios se hacen vestidos con él tan parecidos á los de lino, que es preciso ser muy conocedor para distinguirlos. Efectivamente, en estas comarcas, la Persia y la Rusia asiática, es en donde abunda mucho el cáñamo, creyéndosele originario de ellas; pero se halla tan bien naturalizado en todas las comarcas de Europa que parece ser indígena de las mismas. Sin embargo, parece que solo se hicieron tejidos con él mas adelante, en los pueblos occidentales; los griegos y los romanos no emplearon el cáñamo sino para hacer cuerdas y lazos de caza. En Rávena y en Italia es donde se fabricaba todo ese cáñamo necesario para el servicio de la marina bajo los emperadores romanos. Segun el testimonio de Plinio, el territorio de la ciudad de Bourges producia muy buenos cáñamos, pero no se habla de tejidos de cáñamo; cítase tambien en el siglo XVI como una novedad dos camisas de tela de cáñamo que poseia Catalina de Médicis.

Los griegos daban al cáñamo el nombre de *cannabis*, que adoptaron los latinos, palabra que provendria, segun se dice, de la palabra celta *kanab*, cañita.

CAPITULO III.

El cañamero.

Llámase cañamero al que á consecuencia de procedimientos especiales pone el lino ó el cáñamo en estado de poder hilarse.

El hilado de lino ó cáñamo se hace por las fibras de su corteza disociadas y aisladas, con el auxilio de operaciones sucesivas de enriarlas, majarlas y cardarlas ó peinarlas.

Ya hemos visto que los tallos de estas plantas se componen de fibras elementales conglutinadas unas á otras y soldadas en cierto modo cabo con cabo y vueltas á cubrir con una cubierta esterior ó especie de corteza que se llama *cañamiza*. Esta cañamiza ó caña del cáñamo, á causa de su tosca contestura, de su poca adherencia y de su estado irregular, no puéde servir para producir hilo; y debe, por consiguiente, comenzarse por desembarazar el filamento á que cubre.

Para facilitar esta separacion y la desegregacion de las fibras que están íntimamente ligadas con una materia gomoresinosa, se ha recurrido á una preparacion de una naturaleza enteramente particular que es la accion de enriar el cáñamo. Su objeto es, pues, separar las materias que no son propias para trasformarse en filamentos y aislar completamente las hebras ó tallos elementales para poder darles una flexibilidad que sin esto no tendrian. Consiste esta operacion en hacer podrir ó fermentar los tallos por medio de su inmersion en el agua. Para ello se hace desde luego la eleccion de los tallos reuniendo los de la misma longitud y grosor, despues se les dispone por capas que se sumergen en una vasija de agua ó alberca, poniendo en la última capa piedras para que se sumerja mas completamente.

En breve el agua de la alberca se tiñe de un color amari-
llento que exhala un olor fétido. Reconócese en estos indi-
cios que se efectúa la descomposicion. El tiempo que dura
la operacion, varía segun la elevacion de la temperatura,
puesto que el calor tiene, como se sabe, una grande influencia en todas las acciones de fermentacion. En nuestros cli-
mas donde se ejecuta el acto de enriar generalmente en agua
estancada, bastan seis ú ocho dias para que tenga lugar
la descomposicion de la materia gomosa; pero no es necesario que sea prolongada la fermentacion, porque enervaria y
alteraria profundamente las fibras.

El acto de enriar en aguas estancadas ofrece graves peligros para la salud de los hombres y de los animales, á causa
de las exhalaciones mefíticas que de ellas se desprenden. Las
corrientes son preferibles, pero en muchas localidades pro-
hibe la autoridad, en beneficio de la conservacion del pescado, el enriar en los rios. En efecto, el principio narcótico
contenido en todas las partes del cáñamo, mata seguramente al pescado. Existe un tercer modo de enriar que no
ofrece los inconvenientes que los dos primeros, pero es mucho mas pesado y es el modo de enriar en el prado, que ofrece
todas las condiciones de salubridad apetecibles; este modo
de enriar en el prado dura un mes.

Cuando el cáñamo ha llegado á punto, es decir, cuando se
halla suficientemente empapado en agua y medio seco en la
orilla, del rio se le trasporta á los patios de las habitaciones
para que concluya de secarse al sol, ó bien se utiliza el calor
que queda en los hornos despues de cocerse el pan; colócase
el cáñamo en pie en pequeñas garbas, que con sus tallos des-
viados de la parte inferior y sus cabezas atadas en forma de
bola, se asemejan bastante por la noche á una larga procesion de fantasmas elevándose sobre sus delgadas piernas, y
caminando sin ruido á lo largo de las paredes.

Cuando está bien seco el cáñamo, se le maja ó se le *tasca*,
operacion que consiste en romper la caña para separarla de
las fibras.

Para esto se echa mano de una especie de caballete puesto
en una palanca de madera en forma de hoja de cuchillo, que
recayendo sobre muescas, deshace la planta sin cortarla y
separa los restos leñosos.

En ciertas provincias, en Berry, por ejemplo, se maja de
noche, lo cual produce un efecto singular sobre los que no
están hechos á este hábito. Entonces es cuando se oye por
la noche en los campos ese ruido seco y cascajoso que forman
tres golpes dados rápidamente. Despues queda todo en silen-

cio, el movimiento del brazo retira el puñado de cáñamo para majarlo en otra parte de su longitud; y al oir este ruido, cuya causa no puede distinguirse, se sueña con duendes y vestiglos.

Cuando está ya machacado el lino se halla dispuesto para cardarlo; pero no basta machacar el cáñamo para ponerlo convenientemente flexible; presentando los tallos una dureza mucho mayor que la del lino, necesitan batirse y hacerse maleables para que se presten fácilmente á las preparaciones ulteriores. Bátense generalmente en una plancha ó tabla para acabar de dividir sus partes, ó bien como en la Aubernia, se hace uso de un cilindro de piedra que rueda sobre otra piedra circular que recibe el cáñamo dispuesto en trenzas.

Cuando el *cañamero* ha machacado su lino ó batido su cáñamo, lo lava en agua corriente si puede, y cuanto mas rápida es el agua y mas clara, mas se blanquean y se purifican sus fibras. Cuélgalas en seguida en una percha para que se desagüen y sequen, y cuando están bien secas se procede á cardarlas, ó plegándolas con cuidado y torciéndolas un poco para que no puedan mezclarse sus hilos, se las entrega á la hilandería donde se cardan mecánicamente.

El objeto de la carda ó peinado es separar completamente las fibras unas de otras desembarazándolas de todos los cuerpos estraños, darles flexibilidad y suavidad al tacto, á fin de facilitar su separacion y colocarlas de esta suerte, lo mas paralelamente posible, sin la merma proveniente de la ruptura de los tallos.

Ejecútase el acto de cardar ó peinar haciendo pasar con cuidado el manojo que hay que cardar por entre dientes ó agujas metálicas fijas, las cuales son tanto mas finas y están tanto mas espesas cuanto la materia que hay que trabajar es mas delicada, ó el período del trabajo está tanto mas avanzado. Princípiase, pues, siempre el acto de cardar sobre los dientes mas recios y mas espaciados. Como el objeto principal de esta operacion es aislar bien los filamentos sin romperlos, requiere mucho cuidado y gran delicadeza. El peine ó cardador que se emplea consiste en un trozo de madera rectilínea, á la cual se halla adaptada una pieza metálica con dos filas de agujas de acero; este peine ó cardador está fijo de una manera invariable en la pared, á una elevacion conveniente. El operario debe tener á su disposicion un buen número de peines ó cardadores, cuyo número de dientes en filas igualmente largas, va aumentándose de modo que hace pasar los manojos que hay que cardar sucesivamente entre los dientes mas espesos; así, por ejemplo, siendo de 15 centímetros la longitud del cardador, el primer peine no tiene mas que diez y seis dientes, mientras que el último tiene ciento veinte. El operario que carda hace pasar los manojos repetidas veces sobre las puntas de las agujas, y pone precisamente los dos cabos de modo que se peine ó carde la totalidad.

Todos los cuidados que se ponen para el peinado ó cardado, no pueden impedir cierta merma; una cantidad bastante notable de hebras ó hilos cortos se separa de los filamentos largos y queda enganchada entre los dientes; estas hebras cortas constituyen la estopa, los hilos largos enteros forman la hilaza; dos productos cuyos destinos son muy diferentes: la hilaza se hila y sirve para hacer los tejidos; la estopa se carda y se aprovecha para la cordelería.

El oficio de cañamero es mal sano, pues está sujeto á enfermedades que atacan particularmente los órganos de la respiracion, y que soñ, menos efecto de las exhalaciones que pueden desprenderse de la planta, que del polvo sutil menudo que de ella se escapa, bien sea cuando se la machaca, bien sea cuando se la carda. Este polvo se forma de pajillas imperceptibles que su sutileza tiene suspensa en el aire, y que penetran con éste al través de los bronquios, donde escitan una tos mas ó menos frecuente y á veces una inflamacion y supuracion del pulmon á los cuales se sucumbe. Para prevenir estos accidentes, el cañamero debe, en cuanto sea posible, trabajar al aire libre, vuelta la espalda al viento, ó sea en un sitio cubierto muy ventilado.

CAPITULO IV.

La retama.

La retama comun conocida vulgarmente con el nombre de retama de escoba, es una planta rústica que crece espontáneamente en las llanuras incultas y arenosas, en los arenales estériles, en los collados donde no crecen el lino ni el cáñamo.

Esta planta se eleva á 1 ó 2 metros de altura, y estiende á todos lados sus numerosas ramas, rectas, deshilachadas y flexibles, de un verde oscuro; sus hojas son pequeñas y dispuestas alternativamente á lo largo de los tallos; sus flores de un bello amarillo, grandes y ligeramente odoríferas, adornan en el mes de mayo la parte superior de los ramos. Estas flores dan nacimiento á una cáscara negra que contiene en su madurez de ocho á doce pequeños granos globulosos.

La retama se siembra por sí misma alrededor de las matas cuyos granos tocan á tierra; el movimiento de torsion y de elasticidad propia de sus vainas hace que arroje á veces su semilla á gran distancia.

Este arbusto no exige cultivo alguno, y es preciso para limpiar los arenales estériles y los matorrales arenosos, donde da á la tierra mas de lo que recibe. Quemada en el terreno, lo fertiliza y lo prepara con escelentes cosechas.

Los ganados cuadrúpedos se comen sus tallos con placer, las aves buscan sus granos y las abejas sus flores. Suministra tambien remedios á la medicina, corteza de roble á los curtidores, un bello color amarillo á los tintoreros y potasa á los vidrieros.

Pero su mayor utilidad es dar una hilaza que no por ser menos buena que la del lino, es menos un gran recurso para ciertos paises, especialmente para aquellos en que los flancos escuetos de los collados, los arenales salvajes, los matorrales arenosos donde nace perfectamente la retama no podrian utilizarse en otra clase de cultivos.

Otra especie mas grande, mas bella, mas perfumada, la retama de España, indígena á la España y á la Italia, y aclimatada hace dos siglos en los departamentos meridionales de la Francia ; ofrece todas las propiedades de la retama comun.

En todo el Languedoc y las Cevennes, asi como en España y en Toscana, se saca de la corteza de la retama una hilaza de que se hacen fuertes telas, cuerdas y papel de buena calidad. Seria muy de desear que este ramo de industria se estendiese á todos los cantones poco fértiles.

Solo al tercer año llegan á ser bastante largas las ramas de la retama para cortarse; de menor tiempo, solo llenarian muy imperfectamente el objeto que se proponen, y solo sirven para el sustento del ganado cuadrúpedo, sobre todo en invierno en que es el único alimento fresco que se les puede procurar.

El corte de la retama se hace por lo comun despues de la siega, y cuando los trabajos de los campos se han terminado; elígense los tallos mas bellos y se cortan con la mano despues de haberlos mondado de los pimpollos ó botones nacientes que hay en ellos; póneselos al sol para que se sequen, y despues se reunen en pequeños manojos ó gavillas de igual tamaño, se las bate con un mazo de madera para facilitar la separacion de la corteza, se los sumerge despues en una balsa ó en agua corriente, sujetándoselas con piedras para que la inmersion sea completa, y se les deja allí empaparse cinco ó seis horas. Por la noche se las saca y se las pone en montones. Al dia siguiente la retama, preparada de esta suerte, se pone por capas separadas con paja en un sitio próximo al agua. Se cubre la pila con helecho de paja y de césped, y se ponen encima piedras; lo cual se llama *poner á cubierto.* La retama permanece de esta suerte hasta que termina el acto de enriar, es decir, durante ocho ó nueve dias; basta solamente en este intervalo y sin descubrirlo, regar el monton una vez al dia con el agua próxima. Al cabo de este tiempo, se sacan las gavillas y se las lava con mucha agua; la parte verde de la planta ó la epidermis, se desprende entonces muy fácilmente de la parte leñosa y queda desnuda la parte fibrosa; se toma cada paquete uno despues de otro, se les bate y moja frecuentemente con una pala y sobre una piedra para desprender toda la hilaza. Despues de esta operacion, se desatan los haces y se estienden en un terreno seco para hacerlos secar. No deben cortarse las varillas sino cuando no contienen ya humedad; se pasa en seguida al cardado y se pone aparte las calidades diferentes de hilazas que están todas hiladas á torno: este trabajo se reserva generalmente para las veladas de invierno.

El hilo que se obtiene de la retama sirve para fabricar telas propias para los diversos usos domésticos. Este hilo es de dos clases; el de primera calidad, el mas fino, sirve para hacer lienzo basto. Los aldeanos de las cercanías de Lodeve y de otros cantones del Herault y del Aveyron, de la Lorena, etc., que no poseen tierras propias para el cultivo del lino y del cáñamo, no conocen otro hilo que el de retama. Los lienzos fabricados con el hilo de este arbusto, son de muy buen uso, muy frescos en estío, y tan flexibles como las telas de cáñamo. El hilo mas basto se emplea en hacer cordeles y lienzo de sacos para embalajes.

El lino, el cáñamo y la retama, hé aquí las tres plantas de nuestro suelo que alimentan la industria de los tejidos; respecto de las demás materias vegetales, somos tributarios de los paises estranjeros.

CAPITULO V.

El algodonero.

El algodon ó lana de árbol, como le llaman los alemanes, es el producto de ciertos arbustos ó arbustillos de la familia de las malvas que crecen en las regiones cálidas del antiguo y nuevo continente, comprendidos entre el 35° de latitud del Ecuador.

Conócense muchas especies de algodoneros; pero tres solamente son objeto de gran cultivo. El mas divulgado y el que suministra la mayor parte del algodon que se esporta á Europa, es el *algodonero herbáceo*; es una planta anual lo mas comunmente herbácea, cuyos tallos se elevan ordinariamente á 50 ó 60 centímetros de altura, pero en ciertas circunstancias escede 1 metro 50 centímetros, y su tallo entonces se hace leñoso por abajo. Sus hojas, de un verde oscuro con venas negras, se dividen en cinco lóbulos; sus flores son grandes y se asemejan mucho á las de la malva; son de un amarillo pálido con una mancha de color de púrpura en la base de cada pétalo. El fruto que sucede á estas flores es una cápsula redondeada en óvalo, del tamaño de una avellana, distribuida en tres ó cuatro celdillas, cada una de las cuales contiene tres á seis granos negros del tamaño de un guisante, cubiertos de un vello en bedijas, unas veces amarillo y mas frecuentemente blanco que constituye el algodon. El fruto se abre por sí mismo cuando está maduró, y este es el momento que se escoge para sacar de él los preciosos filamentos que se desbordan á su alrededor.

El *arbol algodonero* tiene 5 ó 6 metros de elevacion; su tallo es leñoso, sus hojas se sustentan en ligeros pedúnculos y sus flores son purpurinas. Esta especie suministra un vello muy largo y muy blando, y de una blancura deslumbradora.

La tercer especie, el *algodonero arbusto*, es un término medio entre las dos especies precedentes respecto de su elevacion. Su tallo, leñoso por debajo, se eleva hasta 3 ó 4 metros. Distínguense dos clases, una blanca y otra amarilla; esta última suministra el algodon que sirve para la fabricacion del nankin.

El algodonero.

De estas tres especies es, segun ya hemos dicho, el algodon herbáceo cuyo cultivo se halla mas difundido; es el que exige menos calor para fructificar. El algodon árbol por el contrario, no puede prosperar sino en las comarcas ardientes. Todos, no obstante, parecen preferir la proximidad del mar, puesto que de donde nos llegan los algodones mejores y mas hermosos es de las comarcas situadas á lo largo del Océano.

Los algodoneros son originarios del Asia; desde la mas remota antigüedad han sido cultivados en la India, y sus filamentos trasformados en tejidos. En tiempo de Herodoto, los indios llevaban vestidos de algodon, pero los egipcios no los conocian. Solamente muchos siglos despues fue importada esta planta preciosa al alto Egipto y á la Arabia.

La introduccion del algodon en la ropa asciende al siglo XIX; débese á los árabes, que cuando conquistaron la España plataron en ella el algodonero. Esta planta prosperó en las llanuras de Valencia, y en breve manufactores importantes se establecieron en Córdoba, Granada y Sevilla. A ellos se debe la fabricacion del papel de algodon cuyo secreto aprendieron los antepasados de Samarcando en el siglo VII; pero con los moros desapareció de España toda industria.

En el dia los algodoneros se han naturalizado en todas las regiones cálidas del globo; encuéntranse las diversas especies del género en toda el Asia, en el Cabo, en el Senegal, en las costas de Guinea y en Abisinia, en Siria, en Egipto, en Grecia, en la Italia meridional, en Sicilia, en España, en el Brasil, en la Guayana, en las Antillas y en los Estados del Sur de la Union americana.

La recoleccion del algodon no se hace de un solo golpe, pues dura muchos meses, porque es preciso todas las mañanas antes de salir el sol, recoger las cápsulas que se han abierto durante la noche, puesto que la menor lluvia y aun la accion de los rayos solares, cuando la cápsula está madura y en el tallo, alteran el color del vello y le quitan sus cualidades.

Siete á ocho meses, segun el curso de la estacion, se pasan ordinariamente entre la siembra y el principio de la recoleccion. En esta época un campo de algodoneros ofrece el golpe de vista mas encantador. En un vasto fondo de un verde sombrío y lustroso que forma la hojarasca, se desprenden, como millares de estrellas, las flores de un amarillo fresco, y las vedijas y copos de un blanco sedoso y argentado que se escapan de sus cápsulas.

A medida que se recolecta el algodon, se procede á su limpia ó espulgo, que consiste en separar el plumon ó el vello de los granos que se adhieren fuertemente á él. En la India se hace á mano esta operacion; pero es muy larga, y un indio emplea un dia en limpiar poco mas de una libra. En los demás paises se sirven para este espulgo de un instrumento mas ó menos perfecto; ya es una máquina com-

La recoleccion del algodon en América,

puesta de dos rollos que giran en sentido contrario y se mueven con un pedal ó por medio del agua; estiéndese el algodon en una plancha ó tabla, se presenta á los rollos que están separados solamente en la distancia necesaria para dejar pasar el hilo, y sepáran de él el grano; ya es el *saw gin* (molino aserrador) de los americanos, máquina compuesta de un cilindro con una especie de sierras circulares con dientes retorcidos y operando como cardadores, que sacan las fibras del algodon al través de una rejilla ó red por donde no pueden pasar los granos. Esta última máquina puede limpiar 150 kilógramos de algodon en un dia, pero tiene el inconveniente de desgarrar los largos filamentos del algodon; el molino ordinario limpia de 4 á 5 kilógramos de algodon por hora.

El espulgo y el limpiado del algodon requieren por parte del plantador mucha atencion, porque de ellos dependen en gran parte el valor comercial de su recoleccion. Si se halla mezclado de broza, de granos, de restos de caracas, ó si su máquina de espulgo, por causa de negligencia ó inhabilidad del operario, ha roto sus filamentos ó los ha empelotonado ó anudado en vez de estenderlos, no solamente encuentra con dificultad un comprador, sino que no se puede salir de esos algodones, sino á un vil precio, cualquiera que sea por otra parte su belleza y su proveniencia. De la finura de las fibrillas, de su longitud, de su elasticidad, de su fuerza y de su suavidad, que varían segun las especies de los algodoneros y los lugares de produccion, depende la calidad del algodon.

Despues de la última operacion de limpieza, se pone el algodon en balas ó pelotas apretándolo fuertemente; en los Estados-Unidos se sirven para este efecto de una prensa hidráulica. Las balas son de 200 á 300 kilógramos, y segun el lugar de proveniencia, son redondas ó cuadradas, cubiertas de lienzo, de cuero ó de corteza.

Distínguense en el comercio numerosas calidades de algodon, á que se dá el nombre del pais que las conduce. Divídeselas primeramente en dos grandes clases; los algodones de seda larga y los algodones de seda corta.

El Estado de Georgia (América del Norte) es el que suministra los mas bellos algodones de seda larga; la isla de la Reunion ocupa el segundo rango; despues vienen los demás Estados de América del Norte, el Egipto, las Antillas, el Brasil y las inmensas provincias del Asia, donde se recolecta cantidades enormes desde las mas bellas calidades hasta las mas inferiores.

CAPITULO VI.

El huso, la rueca y el torno.

Los filamentos del lino, del cáñamo y del algodon, son de una longitud y de un grueso muy limitados para formar con ellos un hilo contínuo. Reúneseles, pues, y se les da adherencia entre sí por medio de la torsion conveniente; esto es lo que se llama el hilado.

El arte del hilado asciende á la mas remota antigüedad, puesto que debió necesariamente preceder á la confeccion de los tejidos, y muchas naciones revindican el honor de haber inventado el huso. Moisés nos enseña que fue Noema, hermana de Tubalcain la que inventó el arte de hilar; los egipcios lo atribuyen á su diosa Isis; los griegos á Minerva, los lydios á Aracne; los chinos á su emperador Yao. Todos saben que Hércules hiló á los pies de Omphale.

Como quiera que sea, el huso y la rueca tienen un orígen muy antiguo. Si hemos de creer á los historiadores y á los poetas de los buenos y antiguos tiempos, estos pacíficos instrumentos se manejaron en un principio por las reinas y las princesas; en la edad media vemos frecuentemente la rueca en manos de las damas nobles; pero en nuestra época, el huso, la rueca y el torno apenas se manejan mas que por las jóvenes aldeanas que guardan sus ganados, y por las ancianas al amor de la lumbre.

Apenas hace medio siglo que estos sencillos instrumentos fueron reemplazados por máquinas complicadas, y que motores animados por el agua ó el vapor se encargan del trabajo reservado en su orígen á los dedos de las mujeres de nuestras campiñas. Sin embargo, el clásico torno no ha desaparecido completamente, y solo por medio de él se puede obtener en el dia ciertos hilos de lino fino destinados para los encajes y las batistas finas que no ha podido obtener hasta aquí el trabajo mecánico.

Trasladémonos pues con la imaginacion á una de esas vastas moradas rústicas donde durante largas veladas de invierno, aldeanas agrupadas en torno de un palo de resina que esparce una claridad dudosa, hacen girar rápidamente el huso entre sus ágiles dedos, y devanan su rueca escuchando el relato de alguna buena abuela ó entonando algun cantar conocido.

El hilado en el estado salvaje.

El huso es un palo de madera ligera, redondo en toda su longitud, terminado en punta por los dos estremos, y largo de cerca de 15 á 20 centímetros. Un poco encima de la punta inferior hay un pequeño relieve que retiene el hilo y le impide caer.

La rueca es simplemente una caña ó un palo delgado y largo, á cuyo estremo hay atada una cinta. Róllase á su cima cierta cantidad de hilaza que se sujeta por medio de la cinta. La hiladora fija la rueca en su costado izquierdo sosteniendo la hilaza con esta mano, y con la derecha saca de la parte inferior de la rueca una pequeña cantidad de hilaza, que estira entre sus dedos mojados antes en su lengua y que fija al estremo del huso.

Fijado el hilo en el huso, la hiladora toma éste entre el pulgar y el dedo de en medio de la mano derecha, y le imprime un movimiento de rotacion sobre sí mismo. A medida que gira el huso, saca hilaza de su rueca entre el pulgar y el índice, que tiene cuidado de mojar en su saliva para humedecer el hilo y darle cierta consistencia y retuerce la hilaza formando el hilo que rolla en el huso. De esta manera hila la hiladora hasta que se llena el huso con el hilo y no queda hilaza en su rueca.

El arte de la hiladora consiste en no tomar mas que el lino ó cáñamo que necesita para formar el hilo mas fino, y al mismo tiempo el mas fuerte posible para sacar con igualdad su hilaza, para mojarla lo suficiente y darla siempre el mismo grado de torsion. Porque, en efecto, lo que constituye la perfeccion del hilo, es la mayor finura junto á la lisura é igualdad mas constante.

En cuanto al torno, es una máquina tan sencilla como ingeniosa, bien conocida en nuestras campiñas. El pie de esta máquina se forma de dos bastidores horizontales reunidos por cuatro columnillas verticales; en el bastidor superior hay una rueda cuya muesca tiene una cuerda que va á parar á una pequeña polea que forma parte del devanador. La hiladora saca de su rueca una mecha filamentosa que fija en el estremo del devanador. Despues pone la rueda en movimiento por medio del pedal que mueve con el pie. La accion de la máquina tuerce el hilo y lo arrolla en el devanador, mientras que la hiladora estira y moja la hilaza. El torno es el punto de partida de todas las máquinas que se usan en nuestros dias en las hilandería.

Tal era el estado del arte del hilado hace menos de un siglo. Entonces la hilandera y la tejedora de mano, reemplazaban todas esas intermitencias del trabajo agrícola, sobre todo con respecto á las mujeres; cada cabaña tenia su torno. Un salario módico, pero contínuo y universal, vestia y alimentaba especialmente la vejez de las pobres madres de familia. Las máquinas han matado en el dia á fuego lento la industria del hilado y del tejido de mano, que desde tiempo inmemorial hacia un papel tan importante en la vida del campo; han roto el torno y la rueca que alimentaban y consolaban á la mitad del género humano. ¡Ay! tal es la ley del progreso: no poder producirse bien idea alguna, sin una laboriosa y dura concepcion.

¿Esto es decir que se deba maldecir las máquinas, porque quebranten algunas existencias? No, sin duda alguna; pues el mal solo es momentáneo. En breve la introduccion de procedimientos mecánicos ha hecho aumentarse los salarios en todas las comarcas donde se han establecido hilanderas mecánicas. Siendo considerablemente inferior el precio de lo que estas producen del que se exige por los productos hechos á mano, resulta mucho mayor consumo de lienzos y de hilos. En realidad, salvo el mal estar pasajero que han introducido las máquinas, no han hecho mas que llevar á otro local las poblaciones industriosas; han centralizado en vastos establecimientos un trabajo que se hacia antes aisladamente cerca del hogar doméstico. Antiguamente una buena hiladora realizaba en todo el dia cerca de 50 á 60 céntimos; hoy en los establecimientos afectos á esta industria, en que pueden emplearse hombres, mujeres y niños, su salario es por término medio, respecto de los hombres, de 3 á 4 francos diarios; respecto de las mujeres de 1 franco 25 céntimos á 2 francos, y en cuanto á los niños, de 75 céntimos á 1 franco.

Acerca de ciertos hilos finos de relevante calidad, tales como los que se emplean en la confeccion de encajes y de las mas bellas batistas, los dedos de la hiladora no han podido reemplazarse. Cuéntanse aun hoy en Flandes, el Cambrasis, la Bretaña, hiladoras de mano por millares, algunos de cuyos productos se pagan hasta á 2,000 francos la libra; entiéndase bien que no á ellos.

En el dia mismo la Bretaña se obstina en hilar y en tejer su lino á mano, y el regalo de bodas que un aldeano breton hace á su prometida, es una bella rueda adornada con cintas y con sus correspondientes husos.

CAPITULO VII.

La hilandera mecánica.

Hasta fines del último siglo, el único medio empleado para hilar era el torno; solo se hilaba un hilo á la vez, y era mucho que una hilandera preparase en un dia media libra de algodon. Además no se sabia hilar hilos de algodon que ofrecieran bastante resistencia para hacer la urdimbre; no se habia llegado todavía á hilar mas que tramas, de suerte que los tejidos de algodon de esta época eran en realidad la mitad algodon y la mitad lino, porque esta última materia era la que se empleaba para los hilos de la urdimbre.

En Inglaterra es donde surgieron las primeras invenciones que debian dar á esta industria tan prodigioso impulso y concebir esas maravillas de mecánica que constituyen en el dia la admiracion de las gentes de arte. En vista del hilado de algodon és como nacieron todos esos perfeccionamientos que no pudieron aplicarse al cáñamo y al lino sino mucho mas adelante y gracias á ingeniosas modificaciones.

En 1768, Juan Hargreaves, pobre hilador que no sabia ni leer, inventó una máquina de hilar á que dió el nombre de *Jenny la hiladora*, del nombre de su hija. Ocurrióle esta idea seguramente viendo un torno derribado por casualidad alejarse de la hiladora sin cesar de hilar. De esta observacion dedujo que era posible hacer fijo el punto de la filatura, y cambiar la direccion de las agujas dándoles un movimiento de rotacion de vaiven, sin suspender su movimiento de rotacion sobre sí mismas. Despues de muchos ensayos infructuosos, puso el inventor un bastidor de ocho agujas; despues perfeccionó todavía su Jenny, y obtuvo por último un resultado que sobrepujaba el trabajo de treinta hilanderas de torno. Pero imaginándose los operarios que se amenazaba su existencia, se coaligaron y fueron á sitiar en masa al inventor en su casa destruyendo sus máquinas. La invencion sobrevivió no obstante, y se difundio en el pais; pero se sublevó nuevamente el pueblo y destruyó todas las Jenny y las cardas que encontró á la mano.

El desgraciado Hargreaves, obligado á espatriarse para sustraerse del furor de sus conciudadanos, se refugió en Nottingam, donde, bajo la proteccion de la autoridad pudo establecer una hilandera; pero apenas comenzaba á marchar, cuando una invencion bien superior, la de la hilandera de cilindro, llamada contínua, vino á disipar todas sus esperanzas. El desgraciado inventor no pudo soportar este último golpe y murió de tristeza y pobre.

Ricardo Arkwright, tal era el nombre del nuevo inventor, era barbero del pueblo y habia vivido hasta entonces de los escasos beneficios de su estado.

Atormentado por el genio de la invencion, se aplicó desde luego á buscar el movimiento perpétuo; pero volviendo á ideas mas prácticas, estudió la cuestion de la hilandera, y construyó su máquina. En 1769 fue cuando á la edad de treinta y seis años dió á luz Arkwright su precioso descubrimiento secundado por un rico manufacturero; tomó el privilegio de invencion en 1770 y la adicionó en los años siguientes.

La máquina para hilar de Arkwrihgt, puede considerarse con justo título como una invencion admirable por su sencillez y por la seguridad de sus resultados; era una verdadera obra de genio, y por todas partes se apresuraron á adoptarla. Pero al mismo tiempo que se adoptaba su máquina, se le negaba su propiedad y hasta su invencion. Arkwright, que tenia el alma muy bien templada, luchó con energía contra sus adversarios, y concluyó por vencer. La fortuna, que parecia desde luego querer serle contraria, le colmó en breve de sus favores, y Arkwright murió en 1792 con el título de baron y doce veces millonario.

Despues de la muerte de Arkwright, los procedimientos empleados para el hilado de algodon han hecho numerosos progresos y esperimentado numerosas mejoras, pero no se puede dejar de reconocer, que casi todas se fundan en principios mecánicos que ha inventado el barbero de Preston.

Hasta 1786, el agua y los caballos fueron los únicos motores empleados en las hilanderías; en esta época es cuando Wat los reemplazó con máquinas de vapor.

En el dia ha llegado el hilado inglés á una perfeccion que parece haber tocado los últimos límites de lo posible.

Con estas poderosas máquinas se puede hoy convertir una libra de algodon en un hilo de 200 kilómetros de longitud; de suerte que 100 kilógramos de algodon suministrarían un hilo bastante largo para rodear la tierra.

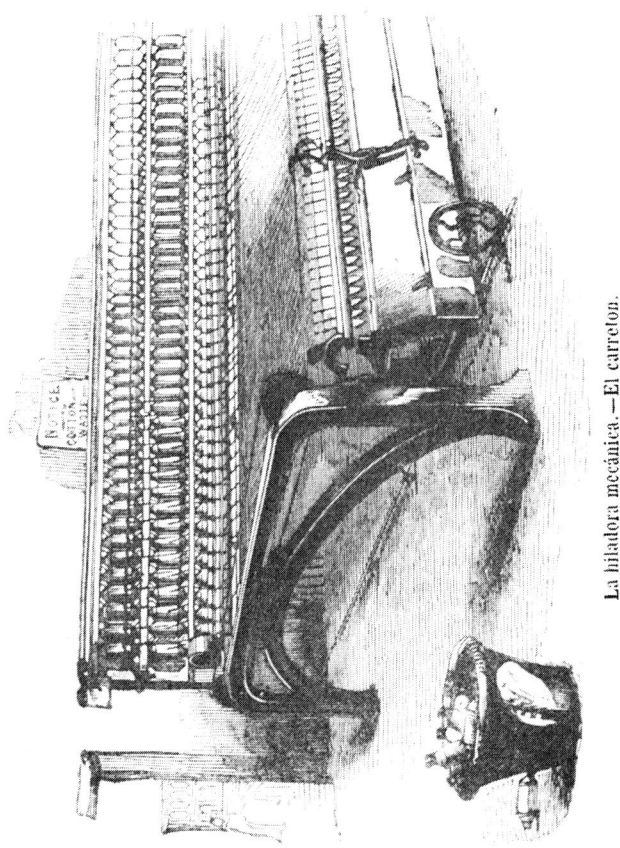

La hiladora mecánica.—El carretou.

Ninguna sustancia hilable hace hoy tan considerable papel como el algodon en la economía de las sociedades modernas. No hay ninguna, en efecto, que requiera menos preparacion para convertirse en tejidos, que sirva para la fabricacion de lienzos mas variados, que satisfaga de un modo mas completo mas numerosas necesidades.

Hácense telas de embalaje, redes para pescar y velas de navío.

Hácense muselinas, la mas ligera de las telas conocidas, tan finas, tan delgadas, que pueden entrar muchos metros de ellas en una tabaquera ordinaria.

El percal, la indiana, el madras, el nankin, son de algodon, asi como las indianas, los tejidos de Ruan, las telas de la Alsacia, etc. Confecciónanse con él terciopelos, tapices, colchas.

Sirve casi esclusivamente para los numerosos usos de la bonetería.

Una preocupacion aun mas fuerte y mas difundida en ciertas provincias rechaza la aplicacion á la piel de una tela de algodon, como menos sana que la de una tela de cáñamo ó de lino. Pues bien; no solamente no tiene accion alguna mal sana una camisa de algodon, sino, que bajo el punto de vista de la higiene, es preferible á una camisa de hilo en el sentido de que, siendo el algodon peor conductor del calórico que el hilo es mas caliente en invierno y mas frio en verano. El algodon tiene tambien otra propiedad que no posee el hilo en tanto grado, y es el dejar escapar los vapores producidos por la traspiracion y absorber el sudor cuando es muy abundante. Asi, al paso que una camisa de hilo condensa el sudor sobre la piel, se hace húmeda y fria, lo cual corta bruscamente la traspiracion y ocasiona siempre un mal estar, con frecuencia un reuma, la camisa de algodon no tiene ninguno de estos inconvenientes. Las hilas y las vendas de indiana aplicadas á una llaga no son menos buenas que las de hilo. En los hospitales ingleses, solo se hace uso de indianas, y no por eso se encuentran peor los enfermos.

La Inglaterra importa por año de 200.000,000 de kilógramos de algodon, á cuya fabricacion da un valor de 900.000,000 de francos. Los cálculos mas bajos hacen ascender á la enorme cifra de 1.200,000 de individuos los que viven en Inglaterra de la industria del algodon. Liverpool, Manschester, Gasgow, donde el trabajo del algodon es menos importante, háse visto, en menos de un siglo, decuplicar el número [de sus habitantes.

La Francia importa por año cerca de 60.000,000 de kilógramos de algodon, al cual dan sus manufacturas un valor de 250.000,000 de francos; y puede estimarse en mas de 200,000 de individuos entre hombres y mujeres los que viven con esta industria: Rouen, Mulhouse, Roultaix y Lille son los principales centros de la industria algodonera en Francia.

CAPITULO VIII.

Felipe de Girard.

En un principio, se intentó aplicar al hilado del lino y del cáñamo los procedimientos empleados con tan buen éxito al hilado del algodon. La idea de emplear indistintámente las mismas máquinas para materias que parecen presentar bastante analogía debió naturalmente ocurrir á los primeros inventores, y solo quedaron desengañados de sus tentativas despues de infructuosos esfuerzos.

En estas máquinas el mas hermoso lino se mezclaba, y aceplaba y se asemejaba tanto mas al estado de estopa cuanto que estaba mas trabajado. El hilo que se obtenia de él, no podia en manera alguna sostener la comparacion con el que daba el hilado á mano.

Este mal éxito provenia de que no se tenia suficientemente cuenta de la estructura del lino, tan diferente de la del algodon.

Si se examina comparativamente las fibras del lino, del cáñamo y del algodon, en el microscopio, se observará que las primeras, las del lino y del cáñamo, afectan, la forma de largos tubos cilíndricos, separados ó divididos de distancia en distancia, mientras que las fibrillas del algodon tienen el aspecto de tubos planos, no divididos y torcidos ligeramente sobre sí mismos. Además, la finura por término medio del lino es de una cuadragésima de milímetro, y la del cáñamo de una vigésima quinta : los filamentos del algodon no tienen por término medio mas que una septuagésima de milímetro.

Existe, como se vé, diferencias muy sensibles entre los caractéres del algodon y los del cáñamo, y esto es lo que esplica por qué no se ha conseguido, siempre que se ha intentado, separar de la misma manera materias filamentosas tan poco semejantes.

Tal era la situacion, cuando Napoleon, comprendiendo que si podia pasarse sin los productos manufacturados de la Gran

Felipe de Girard, inventor de la hiladora mecánica de lino.

Bretaña, esta potencia quedaria medio vencida, pero que no podia, sin embargo, hacer competencia á los ingleses respecto de las telas de algodon, á causa de la dificultad del arribo de las primerias materias, resolvió oponer á su industria la aplicacion de la mecánica á las plantas hilables indígenas de uso universal, el cáñamo y el lino, condenadas hasta entonces á la lentitud del trabajo manual. Deseoso de conquistar en la industria linera un progreso análogo al que Jacquart acababa de realizar en la de la seda, propuso, por decreto de 12 de mayo de 1810, un premio de 1.000,000 para la solucion del problema del hilado mecánico del lino.

En esta época vivia un hombre en quien se personificaba el genio de la invencion, Felipe de Girard, á quien la industria francesa debia ya muchas invenciones prácticas y de utilidad general. Desde su infancia, habia mostrado una aptitud singular para la mecánica, y desde entonces se habia dedicado enteramente á las ciencias industriales. En aquella época tenia treinta y cinco años.

Al llamamiento del emperador, se puso á la obra. Comprendió que en vez de usar los procedimientos empleados para el algodon, debia tomar un punto de partida en las operaciones manuales de la hiladora. Girard se hallaba entonces en Lourmarin en Provenza, en casa de su padre. Toma un puñado de lino, se encierra en su cuarto para estudiar su estructura, y sale de él, al cabo de veinticuatro horas, con la solucion del problema. El 12 de junio de 1810, es decir, un mes justo despues de la aparicion del decreto en el *Monitor*, Felipe de Girard dirigia al ministerio del Interior la peticion de privilegio de invencion, con las memorias correspondientes en su apoyo. En estas memorias se hallan enunciados los dos principios fundamentales en que se apoya toda la industria actual del hilado del lino. 1.° El medio de estenderlo en seco por medio de peines con visagras movibles. 2.° La descomposicion de la planta en sus fibras elementales desagregadas por la inmersion.

La peticion de Felipe fue examinada en la oficina consultiva de las artes y manufacturas, la cual emitió un dictámen favorable; sin embargo, pareció desconfiarse de una solucion que se habia encontrado tan pronto, y se pensó que el problema debia ofrecer mas dificultades que las que se habia creido desde luego. Un millon de premio, no era pequeño negocio, y no se podia dejarlo ganar tan fácilmente. Apareció pues en noviembre, un nuevo programa ministerial que aplazaba la clausura del concurso á tres años, y además, imponia á los concurrentes condiciones muy difíciles de llenar, bajo el doble concepto de la economía del precio de fabricacion y de lo tenue de los productos.

Felipe de Girard no se desanimó; en el espacio de cinco años adquirió nuevos privilegios, consignando los perfeccionamientos sucesivos que le sugerian constantes meditaciones y la esperiencia. Hé aquí, por otra parte, en qué términos el ilustre inventor, obligado mas tarde á revindicar en su propia patria el honor de su descubrimiento, esplica su naturaleza y hace resaltar su importancia.

«La hilandera del lino no existia antes del año 1810; el llamamiento de Napoleon ofreceria una prueba suficiente de ello. Proponer un premio de 1.000,000 para la solucion de este gran problema, es reconocer altamente que todas las tentativas hechas hasta entonces habian quedado sin resultado útil. Sabido es, no obstante, que multitud de hábiles mecánicos habian consagrado sus vigilias y su fortuna á esta investigacion. Un gran número de fábricas pequeñas habian comenzado tambien á establecerse en Inglaterra y en algunos puntos de Francia; pero sus procedimientos eran tan imperfectos, que los hilos recios é irregulares que obtenian, tenian apenas el valor del lino que se empleaba. Yo fui quien resolvió el problema.»

Todo el sistema actual se funda en dos principios esenciales; el primero que sirve de base á todas las operaciones preparatorias que sufre el lino desde el peinado hasta el último hilado, ó hilado en fino esclusivamente, es el estirado en seco por medio de series de peines sin fin, único procedimiento empleado hasta este dia, para distribuir uniformemente en una longitud indefinida, las briznas de lino peinado sin alterar su paralelismo; el segundo, que ha hecho únicamente posible la hilandera mecánica del lino, hasta un grado de finura ilimitada, es la descomposicion del lino en sus fibras elementales, descomposicion que producimos en el hilo en grueso por la inmersion, ya en una lejía alcalina, ya simplemente en agua fria ó caliente, y que, trasformando, por decirlo asi el lino en una nueva sustancia, permite estirarlo en lo sucesivo, como el algodon, entre cilindros, formando de esta suerte hilos incomparablemente mas finos que los que se obtenian hilando las briznas de lino en su primera longitud, como se verificaba segun el antiguo procedimiento inglés.

Estos dos principios fundamentales enteramente desconocidos en las hilanderas que se habia ensayado establecer antes del gran premio propuesto por Napoleon, se hallan enumerados por primera vez en el privilegio de 18 de julio de 1810.

«Es necesario esplicar lo que entiendo por briznas del lino y por sus fibras elementales. Llamo briznas esos filamentos mas ó menos finos que se obtienen con la division del lino por medio del peinado. Yo he sido el primero en descubrir que esas briznas, cuya longitud es ordinariamente de 4 á 8 decímetros, se componen de fibrillas de una tenuidad que las hace casi imperceptibles á la vista, y que no tienen mas que 50 ó 60 milímetros de longitud. Estas fibras, vistas en el microscopio, se encuentran bajo la forma de una cinta trasparénte, lustrosa, brillante, terminada en dos puntas deshilachadas, y que se tuercen rápidamente en forma de trenza, cuando se le tiene suspendido por uno de sus estremos. Ablandando por medio de agua fria ó caliente la materia glutinosa que tiene estas fibras reunidas, y haciéndolas en seguida resbalar ó reclinarse unas sobre otras, á lo largo, es como consigo alargar ó adelgazar estas briznas sin disminuir en nada la tenacidad de sus fibras, y como puedo formar con un lino basto, un hilo mas delgado que cada una de las briznas de que se compone.»

Confiando en el porvenir de su descubrimiento y en la fortuna de Napoleon, quiso Felipe no solamente llenar, sino sobrepujar las exigencias del programa de 1810. Quiso presentar, no solamente una máquina construida en grande y en estado de funcionar, sino manufacturas en plena actividad.

Para conseguir este objeto, no retrocedió ante ningun peligro, ante sacrificio alguno. Confiando en el millon prometido, Felipe y sus hermanos empeñarón con patriótica temeridad todo su patrimonio, que representaba aun en esta época (1811) un valor de 700,000 francos. A este precio, instaló en la calle de Merlay una primer fábrica de dos mil agujas; despues otra, un año despues, en la calle de Charonne. En el mes de mayo de 1812, hizo presentar Felipe al emperador, por medio del ministro Chaptal, muestras de hilos y de tejidos, con la esperanza de que se acortarian los plazos del programa, en vista de los resultados obtenidos por el único concurrente que se habia presentado hasta entonces. Pero la buena voluntad del ministro, hombre benévolo é ilustrado, se paralizó por la partida del emperador y despues por los desastres de la campaña de Rusia. Las desgracias de 1813 y las que siguieron, ocasionaron nuevos aplazamientos; y en definitiva, no tuvo lugar el concurso.

En premio de su animosa adhesion por el bien público, Felipe de Girard no recogió mas que la ruina; suerte desgraciadamente comun á la mayor pàrte de los inventores.

Cuando, á falta de este millon tan bien ganado, espera hallar á lo menos un recurso en la venta de sus productos, suspendieron sus compras las fábricas del Norte á consecuencia de las calamidades del tiempo. Entonces tuvo que multiplicar los préstamos que necesitaba, recurrir á los mas peligrosos espedientes, y por fin de cuenta, cerrar sus fábricas como los demás.

La caida del imperio puso el colmo á los infortunios de

Felipe. En 1815, dos de los oficiales á quienes él habia enseñado, llevaron á Inglaterra calcos de sus dibujos, copias de sus privilegios, y vendieron á la otra parte del Estrecho, como siendo obra suya propia, la de Felipe de Girard ; y como las ideas susceptibles de aplicacion práctica hacen pronto fortuna en Inglaterra, sacaron en breve de ésta 25,000 libras esterlinas. El comprador Horacio Halt tomó en Inglaterra una patente, traduccion literal de los privilegios franceses, y pasó largo tiempo en su pais por un hombre de genio, mientras Felipe de Girard, nuevo ejemplo de este eterno *sic vos non vobis*, completamente arruinado, amenazado por sus acreedores en su libertad, y desconocido en su pais, se veia obligado á aceptár las proposiciones del gobierno austriaco, que, mas previsor que el de Francia, reconocia el genio de este francés y le confiaba la mision de fundar en Austria hilanderas segun su sistema.

Generosamente retribuido y rodeado de una justa consideracion en Alemania, Girard hubiera podido mantenerse allí feliz, si hubiera podido serlo lejos de su familia y de su patria.

En 1826, Felipe, á fin de poder pagar á sus acreedores y descargar del gravámen que tenia lo que le restaba de la herencia de sus padres, aceptó la posicion de ingeniero en jefe de las minas de Polonia, que le hacia ofrecer el gobierno ruso. Creó en 1827, en el dominio de Guzow, no una simple fábrica, sino una verdadera colonia industrial, que contaba ya en 1829 mas de quinientas familias. El gobierno reconocido, dió á la nueva ciudad el nombre de *Girardow*. Para este establecimiento fue para el que inventó Felipe su segunda máquina para limpiar y peinar el lino, cuyos principios esenciales se encuentran aun en los aparatos modernos perfeccionados.

Enviado por el gobierno ruso, en 1826, á Inglaterra, para estudiar allí todo lo que se referia á la industria, y aprovisionándose de material, tuvo el dolor de conocer, por primera vez, el fraude de que habia sido víctima once años antes, por parte de sus oficiales.

«He visto la patente tomada en 1815, escribió á uno de sus amigos, y he tenido el dolor de encontrar en ella mis propios dibujos .. Por medio de mis procedimientos, M. Masholl ha adquirido ya, segun se dice, mas de 20.000,000 de utilidades.»

Felipe de Girard dirigió entonces al gobierno francés una nueva memoria para revindicar, en favor de su patria, la invencion de la hilandera de lino. Nombróse una comision; pero sus miembros, realistas, prevenidos contra una invencion que tenia la desgracia de datar del Imperio, la rehusaron, y declararon que estos procedimientos, que en Inglaterra y Alemania enriquecian á los que hacian uso de ellos, eran malos bajo el aspecto mecánico, y bajo el del sistema, no pudiendo dar mas que productos incapaces de sostener la concurrencia con el hilado á mano.

Sin embargo, gracias al empleo general de estos procedimientos de hilado en Inglaterra, esta industria tomó allí tales proporciones, que los productos franceses hilados á mano, no podian sostener ya la concurrencia contra los productos mecánicos ingleses. En presencia de estos resultados, el gobierno, en 1833, comprendió la necesidad de hacer algo, y no halló nada mejor que volver á tomar clandestinamente á los ingleses lo que se habia importado en realidad del mismo modo entre ellos diez y ocho años antes. Los procedimientos de Girard, que se creian de orígen puramente inglés, fueron vueltos á copiar y á esportarse á Francia; pero no se habló ya del inventor. Esta persistencia en desconocer sus derechos, en arrebatarle el honor de su descubrimiento, le afligió mas que todos los desastres pecuniarios que habia esperimentado. Revindicó pues de nuevo, en 1840, esta invencion que habia acarreado su ruina y la de su familia, y en una elocuente memoria dirigida al rey y á las cámaras, demostró hasta la evidencia, que la prioridad de la invencion pertenecia á la Francia y á él mismo.

«¡Como si no fuera bastante, dice, que se haya quedado el inventor sin el premio que habia adquirido tan legítimamente, sus compatriotas le despojan del honor de su creacion! Vengo á protestar de este acto de lesa patria; vengo á reclamar para mi pais y para mí esta invencion de que todos los paises de Europa, escepto la Francia, han hecho honor á la Francia y á mí.

»Quiero probar que la hilandera mecánica del lino es una invencion puramente francesa; que yo solo la he creado; que los ingleses la han recibido de nosotros, y que no han dado perfeccion alguna esencial á este ramo de industria.»

Y para demostrar estas últimas proposiciones, Girard entraba en numerosos detalles técnicos, probando de un modo luminoso sus derechos á la invencion.

En 1844 volvió á Francia Felipe de Girard y se presentó en la esposicion, donde obtuvo una verdadera ovacion; el jurado le confirió una medalla de oro, pero todas las solicitudes para hacerle obtener, á título de recompensa, si no el millon que habia ganado, á lo menos una pension que necesitaba para vivir, naufragaron contra la mala voluntad del gobierno, que temia sin duda, si reconocia sus derechos, verse obligado á llenar las condiciones del programa de 1810. No teniendo buenas razones que dar para justificar esta resistencia, se recurrió á la fuerza de inercia.

Felipe de Girard era septuagenario, gastado por el trabajo y el tedio; la muerte llegó para él mas pronto que la justicia. El desdichado grande hombre murió el 26 de agosto de 1845, y hubo que inscribir un nombre mas en el martirologio de los inventores. No bien habia muerto, cuando se comprendió en todas partes lo que este hombre habia valido; los elogios y el sentimiento de su pérdida fueron unánimes, y cada cual se apresuraba á rendir homenaje al genio y al carácter de Felipe de Girard.

En el dia, el nombre del ilustre inventor luce con un brillo merecido; está inscrito en los frisos del palacio de la industria, y el departamento del Norte, que le debe en parte su prosperidad, y el de Vauclusa, que se honra con haberle visto nacer, le han levantado estátuas. Pero estos honores tardíos ¡rescatan los largos padecimientos de este pobre inventor! Habiendo nacido rico murió arruinado por una invencion que diariamente enriquece á su pais, mientras que en Inglaterra, Arkwright, el miserable barbero de Preston ha muerto baron y doce veces millonario.

En estos últimos años, el desarrollo de la hilandera mecánica de lino ha tomado inmensas proporciones en una gran parte de Europa. En Francia los departamentos del Norte, del Paso de Calais, de la Somma y del Calvados son los que contienen el mayor número de estos establecimientos. La Bélgica, que produce en abundancia el lino de mejor calidad, posee magníficos establecimientos. En cuanto á Inglaterra, posee muy gran número de la mayor importancia. Sin embargo, es forzoso decirlo, los productos obtenidos por la mecánica no podrian rivalizar, ni en belleza ni en solidez, con los hilos finos que produce la modesta hilandera de torno.

CAPITULO IX.

Materias hilables estranjeras.

Una de las sustancias hilables mas difundidas y mas en uso en China es el *Ma*, que hace las veces del cáñamo y del lino.

El Ma es una especie de ortiga blanca, á que los botánicos dan el nombre de *urtica nivea*. Es una planta de un metro y mas de altura, de tallos numerosos con grandes hojas ovales, dentadas, cubiertas con pelos abundantes de un blanco de nieve. Con las fibras de esta planta fabrican los chinos tejidos blancos, crudos que tienen mucha semejanza con nuestros lienzos de lino. Estos tejidos se conocen en China con el nombre de *hia-pou*, trage de verano, y son notables por su frescura.

El *Ma* se cultiva sobre todo en la isla Formosa, provincia de Fokien y de Kiangsi. Se cortan los tallos de esta planta, despues se les pone en agua, se les sacan las fibras una á una, con la mano, se les une, bien sea con un nudo, bien con un simple cordon hecho con los dedos. Reúnense en pelotones los hilos unidos, y se les lava y emblanquece despues. En cada casa, en las provincias, hay generalmente un bastidor para tejer el Ma.

En Java se cultiva el *Ramia (urtica utilis)*. Esta planta tiene un metro de altura. Sus grandes hojas se asemejan á las del Ma; sus tallos son del grosor del dedo meñique.

El Ramia se cultiva en Java y en todas las islas del Océano indio por la escelente hilaza que da. Esta es de un blanco nacarado muy suave al tacto. Los indios fabrican con él escelentes lienzos, notables por su forma y su larga duracion. Háse demostrado por varios esperimentos que el hilo obtenido del Ramia escede en consistencia al del mejor cáñamo, y que su fuerza de estension supera en una mitad á la del lino. Desgraciadamente esta planta, propia de las regiones ecuatoriales, no podria cultivarse en Europa.

El *China grass* ó *Rhoa* de Assam, que se cree ser una especie de ortiga de la China, se produce en abundancia por esta comarca y por las Indias. Los tejidos que se obtienen con esta planta rivalizan en blancura y en finura con la batista, y en brillantez con la seda. Esta materia se trabaja con procedimientos particulares en sus primeras trasformaciones: la ebullicion y el uso de los álcalis forman su base. La China produce hasta tres cosechas por año; las dos últimas solamente dan hilos que se venden hasta á 15 francos el kilógramo en Inglaterra.

La *Abacca* es una especie de plátano (*musa textilis*), que proviene principalmente de la isla de Luzon. En las islas Filipinas se utiliza hilando las fibras ténues que componen en gran parte el pedículo de las hojas y los filamentos de la corteza. Unense las fibras unas á otras, bien por medio de un nudo, bien torciéndolas: su tejido se ejecuta en telares ordinarios. Los tejidos de Abacca son generalmente bastos.

La *Jute* nos viene de las Indias, á precios escesivamente bajos, bien sea en hilos, bien en forma de tejidos toscos que sirven de cubierta para los productos del pais. Los ingleses la tratan como el cáñamo y la emplean para los mismos usos. Pero esta sustancia solo es apta para producir hilos comunes para el lienzo de sacos ó para hacer toldos. Ademas, presenta el inconveniente de deteriorarse rápidamente con la humedad.

El *Pkormium tenax* ó lino de la Nueva Zelandia es una grande y hermosa planta de la familia de las liliáceas.—Del medio de un grupo de hojas en forma de cintas, de uno á dos metros de largas, de un verde alegre y luciente, se eleva un palo ramoso de dos metros de alto, cubierto con bellas flores amarillas. Esta planta es muy abundante en la Nueva Zelandia; los naturales sacan de las fibras de sus hojas una hilaza tan notable por su fuerza y su consistencia como por su finura y su brillo sedoso, que le ha valido el nombre de seda vegetal. El procedimiento por medio del cual preparan esta hilaza, consiste únicamente en desgarrar las hojas en girones, en raer despues estos girones y batirlos por largo tiempo en el agua, torciéndolos, á fin de aislar su porcion fibrosa del parénquima que les rodea. Los nuevo-zelandeses fabrican con ella lienzos bastante bellos, haciendo tambien sedales y cuerdas de gran resistencia.

Las cualidades superiores que parecen distinguir esta materia hilable, y sobre todo, su gran consistencia, que solo es superada por la de la seda, la hicieron acoger desde luego con entusiasmo en Europa; desgraciadamente ha demostrado la esperiencia que estas preciosas cualidades eran contrabalanceadas por numerosas faltas; la accion prolongada del calor húmedo y especialmente la del blanqueado, no tardan en separar las fibras de esta planta; despues de una ó dos lavaduras á lo mas, los tejidos fabricados con esta materia se reducen á estopa, y los cables espuestos al aire húmedo, sobre todo alternativamente al aire y al agua, se rompen prontamente y caen en partículas.

CAPITULO X.

El tejido.

No sucede con los progresos del tejido como con los del hilado. Los primeros son muy antiguos y no han esperimentado súbitamente una modificacion profunda, análoga á la que ha esperimentado la filatura en general, á fines del siglo último.

En tiempo de Virgilio parecia haberse familiarizado ya con los principales medios que se emplean en nuestros dias para el tejido, puesto que leemos en las Geórgicas «que los cultivadores se ocupaban durante los dias de lluvia de verano en poner los lizos en los rollos.» Y segun los detalles que nos dan Plinio y Amiano Marcelino, sus telares de tejer debian diferenciarse muy poco de los que se usan en el dia para el tejido á mano.

Los progresos modernos en el arte del tejido consisten principalmente en el establecimiento del trabajo mecánico para los lienzos sencillos y en la simplificacion de los telares que sirven para los tejidos de adorno.

Todo tejido es una superficie flexible y elástica formada por el enlace regular de hilos sometidos á cierta tension, y cuya superposicion determina el grueso de la tela.

La ligazon de los hilos de casi todos los tejidos se efectúa por medio del cruzamiento de dos series de hilos perpendiculares entre sí; los de la primera son longitudinales, aislados unos de otros y tendidos paralelamente en un mismo plano vertical; estos hilos constituyen la *urdimbre.* Los hilos de la segunda serie entrelazan trasversalmente los de la primera, y puede considerárseles como uno solo sucesivamente replegado y apretado sobre sí mismo de modo que llene gradualmente el espacio vacío que deja en toda la longitud de los hilos de la primera serie ; este hilo atraviesa y constituye la *trama*. Una sola carrera de trama igual á la anchura de la urdimbre se denomina *ducha*, y varias duchas de diferente color reciben el nombre de *pasada ó ramo*.

El tejido á mano.

El telar para tejer, tal como se conoce desde los tiempos mas remotos, y que se usa todavía para el tejido á mano, se compone de un bastidor rectangular, formado de dos cuerpos ó palos unidos por travesaños. En cada estremo, se halla fijado por medio de ejes un rollo de la longitud del lienzo. Los hilos de la urdimbre van del uno al otro de estos rollos que se llaman *enjullo*, y se rollan uno sobre otro á medida que se va formando la tela.

Entre estos hilos es en los que se trata de formar una li·gazon íntima, para religarlos de modo que formen la superficie flexible, de que hemos hablado mas arriba. Supongamos todos estos hilos separados en dos partes iguales, en hilos de números pares y en hilos de números impares. Se pasan dos varillas rigidas perpendicularmente en direccion de los longitudinales; la primera por encima de todos los pares y por debajo de los impares; la segunda por encima de todos los impares y por debajo de los pares.

Esta disposición, que se llama *envergadura*, permite abrazar fácilmente al mismo tiempo todos los hilos de cada mitad de la urdimbre, sin necesidad de buscarlos y sin esponerse á mezclarlos. Cada uno de ellos pasa por un nudo ó sortija de un hilo vertical, y todos los que corresponden á los pares horizontales se reunen en sus dos estremos por una varita. El conjunto de este sistema se llama *lizo*; tambien hay un lizo respecto de los impares. Estas disposiciones suministran los medios de hacer bajar ó subir simultáneamente la una ó la otra série segun se baja ó se eleva el *lizo* correspondiente; hácese mover entonces los dos, uno despues de otro, por medio de una cuerda que pasa por una polea, estableciendo una comunicacion entre ellos. El uno sube mientras que baja el otro; las dos séries de hilos siguen su movimiento, formando los de la urdimbre un ángulo proporcional al camino recorrido por la cuerda de la polea: esta cuerda está asimismo regida por las palancas ó carcolas á que se halla sujeta y que el tejedor mueve con los pies.

En este estado las cosas, se hace pasar un hilo por el ángulo que forman las dos séries de hilos perpendiculares á la urdimbre en toda su anchura, y se da despues á los lizos el movimiento opuesto, es decir, se bajan los hilos que se habian levantado y se levantan los que se habian bajado. Hácese otra vuelta de trama igual á la primera y se cierra de nuevo el ángulo. Vése, pues, que la primer vuelta de trama pasa alternativamente por encima de todos los hilos pares y por bajo de todos los impares; la segunda, al contrario, por debajo de los pares y por encima de los impares. El tejedor hace pasar este hilo de la trama por medio de una lanzadera. Este es un pequeño instrumento en forma de navecilla, puntiagudo en los dos estremos, ó cabos; en su centro hay un espacio hueco que encierra una pequeña canilla ó huso en la que está rollado el hilo que deberá devanarse á medida que se haga correr la navecilla entre los hilos de la urdimbre.

Para que tenga el tejido la resistencia requerida, es preciso que cada vuelta de trama esté igualmente apretada en el vértice del ángulo.

El apretado regular que forma la ligazon íntima de la pasada de trama con la urdimbre, se obtiene por el choque que se imprime á la primera por medio de una palanca de una forma particular que se llama *batiente*. Es una especie de peine entre cuyos dientes pasan los hilos de la urdimbre, y que, á cada paso de la lanzadera, da un golpe para apretar uno contra otro los hilos que esta ha dejado.

Lo que precede debe bastar para hacer comprender que el tejido en sí mismo es una operacion bastante sencilla, mas para la cual es preciso realizar condiciones accesorias bastante delicadas y de que las ciencias mecánicas se han ocupado con éxito. En el dia es mucho mas fácil obtener una pieza de tela regular con el tejido mecánico que con la mano. Por medio de telares mecánicos, los tres movimientos que constituyen toda la operacion, es decir, pisar la carcola para formar el ángulo de la urdimbre, pasar la lanzadera y apretar la vuelta de trama, se ejecutan con tanta regularidad y rapidez que podrian confundirselas con una sola. Compréndese, pues, que toda la habilidad de un tejedor no puede suplir la regularidad del trabajo de un telar mecánico.

La invencion de las máquinas de hilar fue una consecuencia de la insuficiencia del hilado á mano, que no podia producir lo suficiente para alimentar el tejido, y el tejido mecánico á su vez, se introdujo para poder ir al igual con el nuevo sistema de hilado. Asi, las primeras tentativas de tejido automático se verificaron en Inglaterra con respecto al algodon, despues del éxito de las invenciones de Hargreave y de Arkwright.

Desde luego fue un inglés, John Kay, quien imaginó reemplazar la antigua lanzadera, que se lanzaba á mano, por la lanzadera volante, que da el golpe con una especie de resorte de madera.

Despues Cartwright (1784) inventó un telar que tejia por sí mismo. Tal fue el punto de partida del tejido automático, y puede decirse que ninguna especialidad industrial ha presentado cantidad mas considerable de invenciones. Una vez dado el impulso, cada año ha visto aparecer un nuevo telar mecánico para tejer, tanto en Inglaterra como en Francia.

Al salir del telar, las telas están teñidas de un color bermejo; mas es el lienzo crudo, y es preciso blanquearlo.

Este color bermejo, poco agradable, que oculta la blancura natural de la celulosa, se debe á materias gomo-resinosas que existian primitivamente en la planta y cuyo efecto es reunir entre sí los hilamentos de la celulosa. Para desembarazar al lienzo de estas impurezas, no se conocia en otro tiempo mas medio que el de estender las piezas en un prado y esponerlas de esta suerte por mas ó menos largo tiempo á la acción del aire y del rocío.

Ya hemos visto de qué inalterabilidad se halla dotada la celulosa; resiste al oxígeno del aire y á una multitud de otros agentes destructores. Las materias estrañas que alteran su blancura son por el contrario fácilmente atacadas por el oxí-

El tejido meçánico.

geno del aire y del rocío. Trasformadas por estos agentes, se hacen susceptibles de disolverse en una legía, de tal suerte, que alternando muchas veces las esposiciones sobre el prado y las lavaduras, se consigue al cabo de muchos meses hacer las telas de una blancura perfecta. Pero este procedimiento era de desesperadora lentitud, y además, necesitaba el uso de vastas praderas que con este motivo se quitaban á la agricultura.

En 1785 fue cuando un ilustre químico, Berthollet, descubrió que el cloro, empleado en ciertas proporciones, producia en las materias colorantes vegetales el mismo efecto que el aire y el rocío, en un tiempo incomparablemente mas corto, y sin atacar la misma celulosa. Creó, pues, el arte del blanqueo, tal como se practica en el dia. Este procedimiento consiste en empapar varias veces los lienzos en una combinacion de cloro y de cal disuelta en agua, despues en hacerlos hervir en una caldera con legía de ceniza.

Es necesario repetir doce á quince veces estas operaciones para obtener completa blancura.

CAPITULO XI.

Los fabricantes mas antiguos de papel.

Mucho antes que pensara el hombre en hacer papel, y aun antes de que viniera al mundo, existian fabricantes de papel á quienes habia enseñado el mismo Dios los procedimientos de su arte. A la manera que los hidalgos, fabricantes de papel y de vidrio de la edad media, estos obreros de la naturaleza, llevaban la espada, no al costado, es cierto, sino al estremo del cuerpo, y habian recibido cuatro alas para poder desplegar mayor actividad y suplir lo pequeño de su talla. Sin ir mas lejos, quiero hablar de las avispas, las cuales por medio de procedimientos admirables y bastante semejantes á los nuestros, fabrican un verdadero papel, liso, sólido, impermeable en el que se puede escribir perfectamente. No es seguramente con este objeto con el que las avispas fabrican sus productos: el papel que hacen, las sirve para construir sus casas y las cunas de sus hijos. De ellas es indudablemente de quien han tomado los chinos esta ingeniosa invencion, puesto que fabrican desde tiempo inmemorial, por los mismos procedimientos, un papel de fibras vegetales, que les sirve, no solamente para escribir y vestirse, sino tambien para hacer carton muy resistente, con el cual construyen casas portátiles.

Un mismo objeto es el que retiene á las abejas en la misma colmena y el que reune á las avispas en sociedad.

Trabajan con igual ardor en construir panales compuestos de celdas exagonales destinadas á recibir un huevo y á suministrar mansion al gusano que debe salir de él hasta que se convierta en avispa. Pero estas celdas no son de cera, como las de las abejas, sino que su materia es una especie de papel.

Las diversas especies de avispas eligen sitios diferentes para construir sus avisperos; pero todas lo hacen con la misma sustancia.

Unas no temen dejarle espuesto á todas las injurias del aire y le suspenden á una rama de un árbol; otras lo ponen á cubierto; estas lo colocan en un tronco de árbol hueco; aquellas lo ocultan en tierra, y frecuentemente, para evitarse un penoso trabajo, se aprovechan habitualmente de los subterráneos que se abren el topo y el turon. Una galería mas ó menos larga conduce á la puerta de la pequeña ciudad subterránea, que no por no estar edificada segun el gusto de las nuestras, tiene menos simetría: en ella se hallan distribuidas con regularidad las calles y las moradas. Su ciudad se halla rodeada de muros por todas partes, y estos muros se hallan construidos de papel; envuelven el nido como en una caja y tienen por objeto poner la habitacion al abrigo del agua de las lluvias que penetra á veces la tierra.

Para hacer este papel fino, sólido é impermeable al agua, las avispas emplean fibras leñosas que van á buscar en los entretejidos de las espalderas, en vigas viejas, y en una palabra, en las maderas viejas y secas que han estado largo tiempo espuestas á las injurias del aire, y cuyas fibras se desagregan mas fácilmente. Asi como nosotros hacemos enriar el lino y el cáñamo antes de servirnos de ellos, estas viejas maderas, que han estado sometidas durante largos años á la accion del sol y de la lluvia, se hallan en el estado del lino enriado.

Para hacer papel sólido, la avispa necesita fibras de cierta longitud, asi es que no coge la madera en pequeños fragmentos, sino que aprieta las fibras con sus quijadas, las desvia unas de otras, y despues de haberlas reducido en cierto modo á hilas, las tira al alto y las corta. Cuando ha sacado de la madera un pequeño haz de fibras, largas de cerca de tres á cuatro milímetros, y mas delgadas que un cabello, las reune con sus patas en un paquetito que se lleva al nido. Antes de hacer uso de estas fibras leñosas, la abispa las mascu-lla, las tritura, las humedece con una saliva glutinosa que hace que se adhieran y junten, y finalmente, las petrifica en una especie de papel mascado. La avispa pone entonces su bolilla en su lugar correspondiente, y con el auxilio de sus mandíbulas y de su lengua, las aplana y estiende en placa delgada y homogénea como una hoja de papel. Pero como una sola cubierta de este papel apenas bastaria para impedir que cayera tierra en el nido y que penetrara agua en él, el industrioso insecto aplica unas encima de otras quince ó diez y seis capas de este papel que dan á la pared un grande espe-

sor. Despues, por medio de su lengua que pasa y vuelve á
pasar sobre la superficie, la avispa alisa y barniza con su saliva el esterior de la capa de papel para hacerlo impermeable
á la humedad.

La avispa es un fabricante de papel de los mas laboriosos,
y mas inteligentes. Cuando el hombre trazaba aun caracteres
informes en madera, en piedra, en plomo, la avispa era la
única que conocia el medio de reducir á pasta las fibras vegetales, de unirlas por medio de una especie de cola, y de estender esta sustancia en un pliego de papel delgado y compacto. Tales son exactamente los procedimientos actuales del
fabricante de papel.

Mas hábil aun que ciertos manufactureros, la avispa tiene
cuidado de conservar sus fibras en estado de cierta longitud,
lo cual hace su papel tan resistente como lo requiere su uso.
Muchos industriales pican sus materiales en tan pequeños
fragmentos, que producen un papel sin consistencia. La mayor diferencia que existe entre el bueno y el mal papel es su
mayor ó menor resistencia y esta diferencia se produce siempre por el tratamiento de la fibra de que se compone el papel:
si esta es larga, el papel es bien afieltrado y resistente; si es
corta, el papel no tiene fuerza y se desmenuza.

El hombre con su inteligencia, anda á pasos lentos, vacila
y progresa. La avispa, dotada de un maravilloso instinto ha
trabajado en su manufactura de papel desde que está en el
mundo, con los mismos materiales y los mismos instrumentos, y el éxito de su método no ha variado; jamás lo ha hecho peor y nunca lo hará mejor.

Una especie de avispa del Nuevo Mundo, la avispa carto-
nera de Cayenna, aventaja en mucho á la industria de nuestras avispas comunes. Todos los viajeros convienen en decir,
que el papel de que forma el envoltorio y cubierta de su nido
es tan suave, tan fuerte, y de una textura tan igual y de tan
bella blancura, que el mas hábil manufacturero se vanaglo-
ria de producir otro semejante.

CAPITULO XII.

El papel en China.

De todos los pueblos de la tierra, el pueblo en que se ha conocido y practicado desde mas antiguo el arte de fabricar papel de pasta es el pueblo chino. Desde tiempo inmemorial lo hacia tan bello y de tan gran tamaño cual la industria de los pueblos europeos no ha podido alcanzar sino en estos últimos tiempos.

Conocemos muchas clases de papeles fabricados en China, todos los cuales revelan grande arte, y gran habilidad, y pueden aplicarse útilmente á diferentes usos.

Estas diversas clases de papeles varian sobre-todo por las sustancias con que están fabricados y por las operaciones á que se les somete. Las materias principales que emplean son las fibras del bambú, la corteza interior del moral para papel, la del *fou-young* (*hibiscus*) y los filamentos del algodonero.

El método que se emplea para fabricar papel con las diversas cortezas de árboles es casi el mismo que se sigue cuando se hace uso del bambú; asi, describiendo este método con respecto al bambú, daremos una idea del que se sigue cuando se emplean las cortezas interiores del moral, del fou-young y de las otras diversas plantas. Todos estos papeles se confunden bajo el nombre genérico de *Pi-tchi* ó papeles de corteza.

El bambú que los chinos nombran *tchou* es el jigante de la familia de las gramíneas; magestuoso, como las palmeras, su tallo derecho y liso se eleva á 15 y 20 metros de altura; de sus nudos espaciados simétricamente, nacen un gran número de ramas verticiladas, cargadas de largas hojas semejantes á las de la caña. Como todos los del mismo género, el bambú es uno de los vegetales mas útiles en las comarcas en que le ha hecho nacer la Providencia. Sus cañas, huecas y ligeras, pero muy sólidas, sirven para hacer conductos, vasos, sellos y otros utensilios caseros; las mas fuertes se emplean para la viguería de los edificios; su madera sirve para hacer los muebles comunes; con las fibras que de ellas se desprenden, se hacen esteras, cestas, sombreros, etc.; sus hojas sirven para cubrir el techo del pobre. De los nudos de esta planta fluye un licor dulce y agradable, susceptible de fermentacion, y que, bajo la accion del calor, se concreta en una verdadera azúcar; sus jóvenes renuevos se comen como entre nosotros los espárragos; finalmente, suministra el pincel con el cual trazan los chinos sus caracteres, asi como el papel en el cual los escriben.

La *Enciclopedia china* describe en detalle todos los procedimientos relativos á la fabricacion del papel de bambú, cuya traduccion debemos al sinólogo Etanislao Juliano. Puede verse ademas, en el gabinete de estampas de la Biblioteca imperial, una coleccion muy curiosa de planchas pintadas en China que representan los pormenores de la fabricacion del papel.

Casi todo el papel de bambú se saca de las provincias meridionales de la China, siendo el Fokien donde es mas floreciente esta fabricacion. Cuando comienzan á mostrarse los primeros renuevos del bambú se elige con preferencia los que están á punto de dar ramas y hojas. A principios de junio se va á la montaña á derribar bambús. Córtaseles en trozos de metro y medio á dos metros de longitud que se dividen en seguida en varitas. Para impedir que se agote el agua, se establecen tubos de bambú que comunican con la taza de la fuente, á donde llevan de contínuo el agua de las cascadas y de los arroyuelos.

Cuando los haces del bambú se han empapado durante cinco ó seis semanas y están suficientemente enternecidos, se les bate con un mazo y se quita la corteza tosca y la piel verde debajo de la cual se encuentran filamentos parecidos á los del cáñamo. Se lavan estos filamentos con agua pura, despues se les pone á secar en un gran hoyo y se les cubre con cal; se les riega para que esta se disuelva, despues se les saca de este hoyo, y despues de haberlos lavado por segunda vez, con mucha agua, se les espone á los rayos del sol para secarlos y blanquearlos. Se ponen entonces los filamentos en una gran cuba bajo la cual se enciende fuego y en la que esperimentan toda la accion del agua hirviendo. Despues de esta operacion, se acaba de reducirlos á una pasta muy fina triturándolos en morteros de madera.

Preparada de esta suerte la pasta, se toman algunos renuevos de una planta llamada *kotang*; se les pone á remojar cuatro ó cinco dias en agua hasta que den una materia untuosa ó viscosa que se mezcla á la pasta, cuando se quiere hacer papel con ella; despues se bate todo en un mortero hasta que se reduzca la mezcla á un licor espeso y viscoso. Entonces se llenan con él grandes cubos ó reservatorios cuyos bordes llegan á la altura de apoyo.

Los operarios sumergen entonces su forma en el licor, y sacan de ella la cantidad suficiente para hacer un pliego de papel.

Al punto que la forma ha salido del licor, toma el papel entera consistencia, porque el extracto gluante y viscoso del kotang da mayor ligazon á las partes fibrosas de la pasta; asi el papel se encuentra al salir de la cuba compacto, suave, lustroso, y el operario lo desprende de la forma sin dificultad alguna, echando el pliego sobre la pila de papel ya fabricado.

Las formas ó moldes con que se hace este papel, se construyen con filamentos de bambú, delgados como hilos de seda. Hácese una especie de tejido apretado que se pone en un marco de madera.

Cuando hay un millar de pliegos puestos en la mesa, se pone encima una plancha, se rodea todo con una cuerda y se aprieta con un baston, de manera que haga escurrirse toda el agua que tiene el papel. Despues, con una pequeña palanca ó punta de bambú, se levantan las hojas una á una y se las hace secar aplicándolas en la fachada de una pared hueca, por cuyos vacios circula la llama de una estufa. Por medio de esta estufa secan los chinos su papel tan pronto como lo fabrican. En la estacion cálida y en las provincias del Mediodía basta para ello el solo calor del sol.

Cuando están secas las hojas, se las pega mojándolas una á una en una disolucion de alumbre. Esta preparacion que es la única encoladura que se da al papel de bambú, le impide empapar la tinta ó los colores que puedan ponerse en él. Acábase de alisarlo y de lustrarlo frotándole con un cuerpo duro y bruñido.

El papel que se hace de esta suerte es bastante blanco, suave, bien compacto y unido; sin embargo, este papel es mas quebradizo que el nuestro y penetran en él mas fácilmente los gusanos. Este papel de bambú no es, por otra parte el mejor, ni el que mas se usa en China; sirviéndose mas comunmente del papel de *ku-chu*, especie de moral. Prepárasele con las fibras del *liber* ó alburno, despues de haberle

quitado la corteza esterior y siguiendo los mismos procedimientos que respecto del bambú.

En el Japon, los fabricantes de papel no se sirven de formas para hacer los pliegos de pequeño tamaño. Cuando está
hecha la pasta del papel, ponen una ancha piedra azulada en
una especie de estufa, que se calienta por debajo. La piedra
no tarda en ponerse ardiente. Entonces toman una ancha
brocha y la mojan en la pasta líquida. Aplican una capa delgada de ella en toda la superficie de la piedra, y al punto se
hace el papel.

Los japoneses fabrican tambien, por medio de formas de
muy grandes dimensiones, un papel muy fuerte que pintan
muy bonitamente para hacer con él tapices. Se parece por
otra parte tanto á una tela de seda, que se equivoca fácilmente con ella.

Los Coreenses que emplean los procedimientos chinos
para la fabricacion del papel, hacen con él una tela mas sólida y mas duradera. Con este papel es con el que pagan en
parte sus tributos al emperador, haciendo tambien con él
un comercio muy considerable. Los chinos no emplean este
papel coreense para la escritura, guarneciendo con él los bastidores de sus balcones á guisa de vidrieras, porque resiste
mejor que sus vidrios al viento y á la lluvia; comunmente dan
aceite á este papel para su uso.

En cuanto al papel tan fino, tan liso y tan consistente, conocido con el nombre de papel de arroz, y sobre el cual pintan los chinos tan lindas miniaturas, es un producto cuya
principal fabricacion es muy diversa de las precedentes. Son
hojas muy delgadas recortadas con singular habilidad en la
médula de la *aralia papyrifera*. Aquí, el tejido celular no ha
esperimentado ninguna otra preparacion que el haberlo pues-
o en prensa y satinado.

CAPITULO XIII.

Trapos y traperos.

A los chinos, pues, se debe la invencion del papel formado con fibras vegetales. Muchos siglos antes de nuestra Era,
este pueblo industrioso fabricaba el papel con fibras de bambú, de algodonero y de otras muchas plantas reducidas á pasta
por la trituracion.

Trasmitidos á los persas hácia el año 650, adoptados por
los árabes medio siglo despues, estos procedimientos fueron
aportados por estos últimos á España, y de aquí penetraron
en el resto de Europa. Ya hemos dicho (1.ª parte, cap. XIII)
como reemplazaron los españoles el algodon con el lino y los
trapos en la fabricacion del papel, y los felices resultados que
siguieron á esta innovacion para la civilizacion del mundo.

El arte de la imprenta hubiera sido comparativamente de
poca importancia, si no se le hubiera procurado una sustancia tan propia para recibir la impresion. Cuando solo se conocia el papyro y el pergamino, era imposible procurárselos en
cantidad suficiente para esparcir esos innumerables volúmenes, sin los cuales la mayor parte del género humano se hallaria aun sumergida en la bárbara ignorancia de los primeros siglos.

El papel de algodon, aunque presentaba una gran mejora,
era todavía una sustancia poco divulgada en Europa en esta
época, y que se destruia con facilidad. Además de las ventajas
inherentes al papel de trapo, la perfeccion del arte consistia
en poder hallar en bastante grande abundancia una materia
fácil de trabajar. Es imposible imaginarse una mas económi-
ca, ni mas comun que los viejos harapos de nuestros vestidos, el lienzo usado y otras cosas semejantes que, durante
tantos siglos, han sido abandonados sin utilidad á la podre-
dumbre, y de que parecia que no se debia sacar nunca par-

tido : por otra parte, no se sabria concebir un trabajo mas sencillo que una trituracion de algunas horas.

Todos los tejidos de orígen vegetal, desde los mas finos encajes hasta los tejidos mas toscos de retama pueden en trar en la confeccion de la pasta de papel.

Los manufactureros se procuran trapos, ya por medio de los aldeanos de las cercanías, ya por el comercio. Muchas fábricas bien provistas se procuran, casi sin gastos de trasporte, las primeras materias, y hé aquí cómo: Hacen ligeros adelantos á mujeres del campo y consiguen establecer de esta suerte, en un radio de algunas leguas alrededor de sus manufacturas, colectas muy abundantes de trapos que antes eran cosa perdida. Los niños, las mujeres, los ancianos recogen estos trapos por todas partes sin dificultad, y los llevan sin dispendio alguno en los dias de feria y de mercado al jefe del canton ó al pueblo vecino, y de aquí, de pueblo en pueblo, y casi siempre sin gastos, llegan los trapos á las manufacturas.

En los pueblos algo importantes, hombres, mujeres y niños tienen por oficio recoger en las calles todos los trapos de cualquier naturaleza que sean, papeles viejos y cartones. Tales son los traperos.

Para las personas de mundo no hay otro trapero que el que con la cesta al hombro, el gancho y la linterna en la mano, recorre dia y noche las calles. No conocen al trapero en grande, al negociante, de que este solo es un emisario, y que le compra su colecta cuotidiana.

Entre los oficios menudos, el de trapero no es uno de los menos lucrativos, lo cual no les impide ser, en su mayor parte, tipos de miseria y de suciedad, cosa que podrian evitar fácilmente si no unieran á esto la intemperancia. En este oficio todo es provecho. El oficio de trapero no requiere mas que un primer desembolso de seis pesetas, que es el coste de la placa, el cuévano, el gancho y la linterna. Este oscuro industrial no recoge solamente los trapos, como pareceria indicar su nombre, sino que tambien recoge los huesos, el hierro viejo, los vidrios rotos, el carton, el cuero, todo es bueno para él, y se convierte en dinero en sus manos; sin contar que á veces le acontece en sus investigaciones hallar piezas de moneda, alhajas y otros objetos de cierto valor.

No bien llegan á su casa, los traperos separan todos estos objetos segun su calidad y los venden á mercaderes de trapo en grande, que hacen con ellos fardos que dirigen á las fábricas de papel ó con los que cargan naves; no hay mercancía alguna cuyo despacho sea mas seguro.

Segun los paises, se dan diferentes nombres á los trapos. Los traperos entregan al comerciante los trapos en masa, es decir, mezclados los de toda calidad; el comerciante por mayor que recoge los trapos y los envia á las fábricas de papel, los entresaca en parte y los embala segun sus diversas cualidades, pero este entresaque toscamente hecho, no dispensa al manufacturero de hacer que se efectúe un entresaque mas cuidadoso y mas directamente aplicado á la fabricacion del papel.

El precio de los trapos es la base principal del precio de los papeles, y el valor y el consumo de los trapos se halla casi siempre en relacion con el grado de instruccion y de prosperidad de los diversos pueblos. Asi, mientras la Francia no trasforma en papel mas que 150.000,000 de kilógramos de trapo por año, la Inglaterra emplea 150.000,000, y los Estados-Unidos mas de 250.000,000.

La Francia es mas rica en trapos que ninguna otra comarca, no solamente porque es uno de los paises mas poblados, sino porque comparativamente sus habitantes hacen mucho mayor consumo de telas de lino y de cáñamo. Bastaríase, pues, á sí misma, si los paises estranjeros, y sobre todo la América, donde el precio del trapo es mas subido, no le quitaran una parte de él, sobre todo despues de la libertad de comercio. No aumentándose el consumo del lienzo sino en proporcion al del papel, se sigue de aquí, que la materia propende á hacerse cada vez mas rara, y que ha sido necesario emplear poco á poco materias en otro tiempo despreciadas, tales como los bramantes, cuerdas, redes de pescar y recortes de papel de todas clases. Hace muchos años la ciencia industrial se ha preocupado vivamente de los medios propios para renovar el manantial de las provisiones y se ha llegado á fabricar papel con otras muchas materias de que hablaremos mas adelante.

CAPITULO XIV.

La manufactura de papel.

El lector recordará sin duda alguna, que nuestra fábrica estaba colocada en una situacion tan pintoresca como ventajosa. Sus dilatados edificios se estendian por las orillas de una pequeña afluencia torrentuosa de la Vire, que ponia á su disposicion una masa de agua límpida suficiente para las necesidades de la fabricacion. Una cascada dirigida con arte para evitar que rebosara, conservaba aun durante la escasez de aguas, suficiente fuerza para mover la gran rueda de paletas y para evitar la paralizacion de trabajo que hubiera podido ocasionar la insuficiencia de la caida, durante los calores escepcionales, estaba dispuesta para funcionar una máquina de vapor, si era necesario.

En el estremo izquierdo estaba situado el cuerpo del edificio destinado á recibir y elegir los trapos. Este trabajo estaba reservado á las mujeres, la mayor parte esposas, hermanas ó hijas de los operarios de la fábrica. Entremos, pues, en el taller en que se verifican las operaciones que tienen por objeto la preparacion y la separacion ó *apartado* de las diferentes clases de trapos.

A lo largo de la sala, hállanse dispuestos en línea bancos cuyas tabletas estan cercadas de una rejilla de hilos metálicos; de distancia en distancia, se hallan fijos en la tabla cuchillos cortantes en forma de hoces; en cuyo filo la obrera corta el trapo en trozos casi iguales de 5 á 6 centímetros de largo sobre 10 de ancho. Si fueran estos trozos demasiado grandes embotarian los cilindros moledores y retardarian el trabajo; si fuesen demasiado pequeños, darian una fibra sobrado corta y esperimentarian una gran merma. A medida que los corta, la obrera sacude los trapos sobre el

El taller para escoger los trapos.

enrejado de la mesa de trabajo, á través de cuyas mallas caen los cuerpos estraños y el polvo; tiene tambien cuidado de quitar las costuras y los nudos de los hilos de coser que formarian botones en el papel; despues los arroja en una de las cajas colocadas delante de ella, segun la calidad á que pertenecen. Este trabajo requiere cierta habilidad y la inteligencia del tacto y de la vista. Antes de abandonar el taller, los trapos escogidos son sometidos á un reconocimiento minucioso por parte del jefe del taller, y despues se les lleva en canastas al lavado.

Los trapos se dividen en numerosos lotes, segun sus diversas calidades; la division se hace por la naturaleza del tejido, lino, cáñamo, algodon; por sus grados de finura, gruesos, delgados, término medio, muy finos; segun el estado de su uso, nuevos, medio nuevos, usados, muy usados; atendiendo á su color, blancos, claros, oscuros, muy oscuros, etc. Hácense igualmente muchos lotes de las cuerdas y bramantes.

La eleccion ó apartado de los trapos es una operacion muy importante, pues de ella depende en gran parte la buena calidad del papel.

El feliz resultado de una buena trituracion depende sobre todo de que los trapos sean de igual resistencia ó duracion. Fácil es de comprender, en efecto, que un trapo muy usado es mas fácil de moler que el que en igual grado de finura es mas nuevo, y que por consiguiente, al esfuerzo de los dientes de los cilindros, si se les pasa al mismo tiempo, el primero que se tritura mas fácilmente, se reducirá á polvo antes que el segundo sea suficientemente desmenuzado, lo cual ocasiona una merma considerable. Muélese, pues, separadamente cada clase de trapo para reducirla á pasta, llegando por la mezcla de las pastas un comerciante hábil á obtener productos superiores.

Del taller de la preparacion y separacion de los trapos se pasa al de la limpieza; ciérraseles en una especie de caja de madera con un enrejado de tela metálica animada, con un movimiento de rotacion muy rápido, que sacude el polvo y las impurezas al través de las mallas. En seguida se les somete por muchas veces á la accion de la legía y despues se les enjuaga en agua pura.

Antiguamente, despues de esta primera lavadura, se hacia podrir el trapo, abandonándole durante un mes y mas á la fermentacion pútrida; pero generalmente se ha renunciado á este procedimiento que enerva la fibra, causa pérdida y da un papel menos sólido y menos blanco. En el dia, se sustituye esta operacion, metiéndolo durante ocho ó diez horas en una legía de agua de cal suficientemente cargada; la legía debe ser mas ó menos fuerte segun la calidad del trapo y su grado de suciedad.

Trátase ahora de reducir los trapos á una verdadera pasta, es decir, de destruir los tejidos y trasformarlos en filamentos largos, flexibles é intimamente mezclados, de modo que formen un fieltro resistente.

Antiguamente se hacia uso para triturar los trapos de molinos de mazos ó batanes, que consistian en pesados mazos, levantados á intervalos iguales por las paletas de un árbol movido por una rueda puesta tambien en movimiento por una corriente de agua.

Estos mazos recaian sobre el trapo amontonado en pilas ó tinas que recibian el agua por pequeños tubos que comunicaban con una arca ó depósito de agua. Estos pesados martillos destinados á desfilachar el trapo, estaban guarnecidos de enormes clavos de hierro puntiagudos y cortantes que picaban el trapo. Este, triturado durante muchas horas, se blanqueaba al mismo tiempo que se dividia, renovándose continuamente por los tubos el agua que lo lavaba, y saliendo de las pilas cargado con todas las materias crasas que llevaba.

En nuestros dias, casi todas las manufacturas han reemplazado á estos molinos por el de cilindro, imaginado y puesto en práctica por los holandeses en el siglo último.

Esta máquina, muy perfeccionada por los ingleses, se llama *deshilachadora.*

Figurémonos una tina de forma oval llena de agua; en esta tina y contra una de sus paredes hay un cilindro de madera que puede girar rápidamente sobre su eje y que se halla erizado de láminas ú hojas de cuchillo. Estas hojas, ahondadas ó vaciadas con medias cañas, se cruzan durante la rotacion con otras hojas plantadas verticalmente en el fondo de la cuba.

Poniéndose en movimiento el cilindro con una celeridad de cerca de veinte vueltas por minuto, se arroja cierta cantidad de trapos en la tina, de donde son arrastrados con gran rapidez por las hojas del cilindro que los desgarran y desmenuzan en pequeñas briznas; despues son arrojados sobre un plano inclinado, formado con un enrejado metálico á través del cual se desagua el agua sucia, mientras que un tubo de alimentacion suministra agua pura á la tina. Al cabo de algun tiempo, se tiene una pasta homogénea, pero cuyo color depende del que tenian los trapos. Para dar á esta pasta perfecta blancura, se emplea el cloro, que ya hemos visto apli-

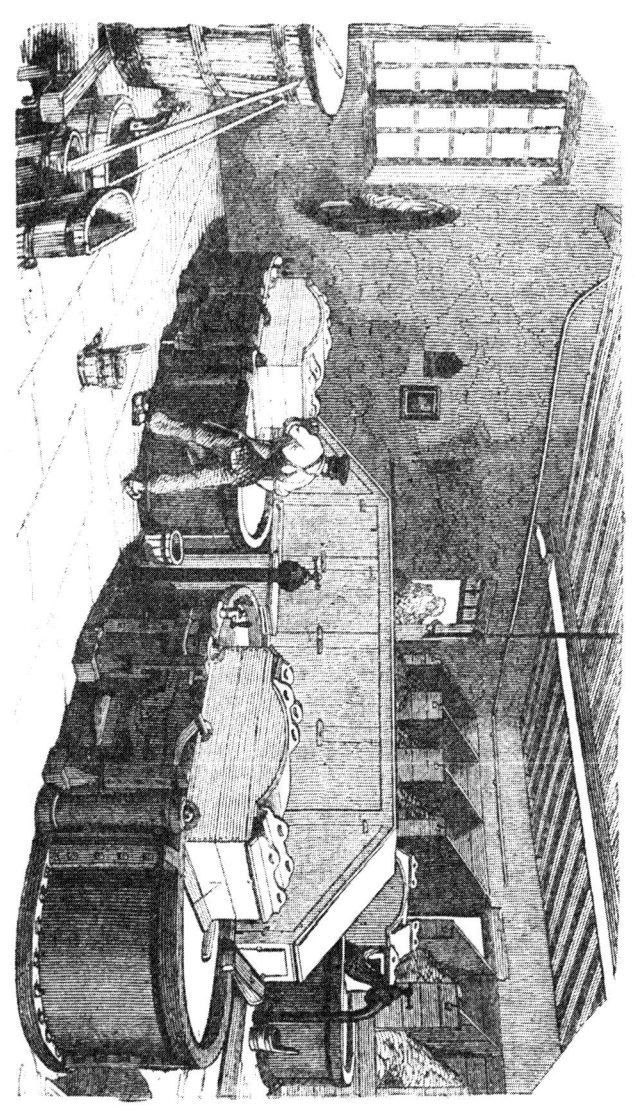

Las deshiladoras.

car al blanqueo de las telas. Esta sustancia obra lo mismo sobre la pasta de los trapos; pero si la celulosa resiste á la accion del cloro, es con la condicion de que esta accion no sea demasiado prolongada; de lo contrario, se altera, se hace mas frágil, y el papel que de ella resulta amarillea al cabo de algun tiempo, se mancha y concluye por caer reducido á polvo.

Despues de haber sometido á la prensa la pasta sacada del cilindro deshilachador, á fin de esprimir tanta agua como sea posible, se la lleva á las tinas de blanquear. Estas tinas son ovales ó cuadradas, construidas de madera blanca, con cercos de hierro y cerradas con una cubierta de madera, ajustada de modo que cierre herméticamente la tina, á fin de poner á los operarios al abrigo de las emanaciones irritantes del gas-cloro. Las cubas tienen cerca de 2 metros de longitud sobre un metro de latitud y otro de profundidad: hállanse colocadas contra un tabique distante de la pared maestra cerca de 2 metros. En este espacio es donde se hallan construidos los hornillos en que se fabrica el cloro; hay tantos hornillos como cubas. En cada hornillo hay colocado un gran recipiente de ocho sitios de capacidad; su cuello está prolongado por un largo tubo en forma de codo, de plomo, que atraviesa el tabique y va á entrar en un agujero practicado en medio de la tapadera de la cuba, donde se halla exactamente embetunado, lo mismo que en el cuello del recipiente. En este recipiente, que se halla colocado con el hornillo en un receptáculo de arena, es donde se introducen las sustancias propias para producir el cloro gaseoso, que se compone de 100 partes de óxido de manganeso y 300 de ácido clorydrico.

Comiénzase por llenar la mitad de la cuba de pasta que se comprime fuertemente en forma de bolas. A pesar de la accion de la prensa, queda suficiente humedad para que la pasta conserve la forma que se le imprime; y esta humedad es además necesaria para atraer y retener el cloro gaseoso y hacerle penetrar por todas partes en la pasta. Vuelve á cubrirse la cuba con su tapadera que se fija por medio de presillas ó garfios de hierro; se carga el recipiente, y se enciende el fuego. Algunas horas son suficientes para que se desprenda enteramente el gas; pero solo al cabo de treinta y seis horas se descubre la cuba. Entonces se encuentra toda la pasta de una blancura perfecta hasta en el interior; el gas cloro ha sido enteramente absorbido por la pasta, hasta tal punto que la cuba descubierta apenas da mas que olor.

Las tinas para blanquear.

Se hace uso igualmente de cloro líquido, el cual se obtiene por una disolucion de cloruro de cal; un kilo de cloruro seco da 10 kilos de cloro líquido. Las soluciones de cloruro de cal deben verificarse en cubas forradas interiormente con plomo. Hecha esta preparacion, se derrama el licor de cloruro de cal en una cuba, y se añade á él en seguida la pasta desleida en el agua. Se bate esta pasta-clara con una espátula de madera, y se deja obrar durante dos ó tres dias, agitando la mezcla de vez en cuando. Se trasega entonces el líquido por medio de una canilla cubierta por dentro con una tela de crin para oponerse al paso de la pasta. En ambos procedimientos se lava la pasta con agua pura, despues se la somete á la accion del anticloro, compuesto de ácido sulfúrico y de sosa, que tiene por objeto neutralizar el cloro que queda en la pasta, y cuya permanencia prolongada terminaria por alterar la calidad del papel.

El efecto del gas cloro en la pasta es mas enérgico que el del cloruro de cal; sin embargo, este último compromete tal vez menos su solidez; su abuso es menos dañoso.

La trituracion de los trapos, suspendida para operar el blanqueo, vuelve á emprenderse entonces y á acabarse por el cilindro refinador; este no difiere del primero sino en el mayor número de sus hojas, que en su consecuencia están mas próximas unas á otras.

Ya hemos visto el cuidado con que se verifica la separacion de las diversas calidades de trapo, á fin de obtener con el cilindro deshilachador una pasta homogénea. Las diversas especies de trapo, las cuerdas, redes, etc., dan en efecto pastas de muy distintas calidades. Los trapos finos, los trapos usados y los de algodon se blanquean fácilmente; los papeles que de ellos provienen son muy blancos, opacos, suaves, pero son flojos y sin consistencia. Por el contrario, los trapos bastos y los poco usados son mas difíciles de blanquear y triturar, y los papeles que de ellos provienen son fuertes, sonoros, pero duros, trasparentes y de menos fácil aderezo. La mezcla de estas pastas, hecha con discernimiento, neutraliza los defectos de las unas con las cualidades de las otras, y permite obtener bellos y buenos productos. La esperiencia es la que indica las proporciones con que deben verificarse estas mezclas. Generalmente, se debe emplear en mayor cantidad los trapos de cáñamo y de lino en la fabricacion de los papeles, que requieren trasparencia y solidez, tales como los papeles para escribir, de dibujo, de registros. Hácese entrar, por el contrario en mayor proporcion los trapos de algodon en las pastas destinadas á la fabricacion de los papeles de impresion y de grabado. Sin embargo, estas diferentes especies de trapos no deben emplearse aisladamente, sobre todo los de algodon, que dan, es cierto, un papel muy blanco, muy suave y grato á la vista, pero que está lejos de ofrecer las mismas garantías de solidez que el de trapos de hilo. Estos papeles de algodon se deterioran pronto, sobre todo á la humedad. Los ingleses emplean casi esclusivamente los trapos de algodon; pero compensan su debilidad uniéndolos á restos de cuerdas, de velas, de embalajes, cuya fibra sólida y fuerte da á la pasta aquella solidez que es una de las principales cualidades del papel.

Hasta 1800, época en la cual Roberto, obrero de la fábrica de papel de Estonnes, inventó la primer máquina propia para hacer pliegos de gran estension, no se fabricaba papel sino á mano, y es lo que se llama *papel de tina.* Mas aunque en el dia hayan reemplazado las máquinas en la mayor parte de las fábricas de papel al trabajo manual, muchas fábricas pequeñas emplean aun los procedimientos antiguos, que, fuerza es decirlo, dan productos superiores; así, aun en las grandes fábricas se ha conservado el uso de las cubas para la fabricacion de ciertos papeles finos ó de lujo. La décima parte de papel por lo menos que se fabrica en Francia se hace á mano.

La *tina ó cuba* que ha dado su nombre al trabajo de mano, es de madera; ordinariamente tiene dos metros de diámetro, y un metro de profundidad, y esta sujeta y unida sólidamente con aros de hierro. En el fondo de la cuba hay ajustada una especie de caldera de cobre con una rejilla cuya abertura está naturalmente por fuera; es una especie de hornillo en que se hace fuego con carbon ó leña destinado á conservar á cierta temperatura el agua de la cuba.

Las *formas* son los instrumentos con que se toma la pasta en la cuba para formar el papel; se componen de un marco de madera dura, en que se halla fuertemente tendida una tela de hilo de cobre. La forma da el tamaño del papel; la cubierta ó *frasqueta*, segundo marco movible que se adapta al primero, forma el grueso del pliego.

Los *sayales* son trozos de tela de lana que el operario estiende sobre cada pliego de papel, y sobre los cuales tiende sus pliegos para desprenderlos de la forma; sirven tambien para beber parte del agua superabundante de que se halla aun sobrecargada la pasta.

Para trabajar en la cuba se necesitan indispensablemente tres operarios. Tales son, el *obrero ó sacador* que sumerge la forma en la cuba, la llena de pasta y fabrica de esta suerte el papel; en seguida pasa dicha forma al *ponedor* ú oficial que la recibe cargada con un pliego de papel y lo aplica sobre el fieltro, y finalmente al *levador* ó *separador* que separa los pliegos de papel y forma con ellos los paquetes.

Cuando se han mezclado y batido convenientemente las pastas con que se debe fabricar el papel, se pone en la cuba la cantidad necesaria que se deslie ó diluye en agua muy pura; la pasta debe ser tanto mas clara cuanto mas delgado es el papel que se quiere obtener.

Fabricacion del papel en cuba.

Si se entregase el papel tal como sale de la cuba, seria flojo, sin consistencia é impropio para recibir la tinta de escribir ó la tinta de imprenta, que pasaria al través estendiéndose; seria en una palabra, papel secante. Para obviar este inconveniente, se le da cola, es decir, se le impregna de un baño impermeable. En otro tiempo la operacion del encolado se hacia la última, despues de secarse; pero hoy se hace en la cuba.

Empléase para el encolado de papel, bien la cola animal ó

gelatinosa, bien la cola vegetal ó jabon de resina. En Francia
se prefiere esta última que prueba perfectamente.

Este jabon resinoso se compone de colofonia, disuelta por
la sal de sosa ó potasa á fuego vivo en una caldera. Cuando
se ha disuelto enteramente la resina, se añade fécula de pa-
tata para dar al papel mas firmeza, y se bate con cuidado
para que se mezcle bien. Mézclase cola á la pasta en cantidad necesaria para dar al papel, segun su calidad, el encolado suficiente. Despues, cuando está bien impregnada la
pasta, se la precipita con el alumbre. El peso del alumbre debe ser igual al de la colofonia que se ha empleado.

Antes de la invencion de la cola vegetal, los buenos fabricantes ponian gran cuidado en el encolado animal. Empleaban raspaduras de pieles cocidas á fuego lento, añadiendo á
ellos 20 por 100 de alumbre. Este antiguo procedimiento,
mucho mas largo, mas complicado y mas dispendioso que el
encolado vegetal, era no obstante superior á este último, y
daba á los papeles una firmeza, una resistencia que no tienen los preparados con la cola vegetal. Solamente los ingleses han conservado la cola animal, porque sus papeles fabricados en gran parte con trapos de algodon, no tendrian bastante firmeza si estuvieran preparados con cola vegetal. Los
fabricantes ingleses abusan con frecuencia de este encolado
y la superficie de sus papeles es á veces tan lisa y lustrosa,
que la pluma se desliza y corre la tinta sin dejar á los perfiles la finura que deben tener.

La pasta, pues, bien preparada y bien encolada, comienza
el trabajo de ponerla en pliegos.

El operario, con los brazos desnudos hasta el codo, se coloca delante de la cuba, toma la forma necesaria para la confeccion del papel que debe hacer, y aplica encima la frasqueta que oprime con sus pulgares contra la forma. Sumerge
todo ello oblícuamente en la cuba, hundiéndolo algunas pul-
gadas, y vuelve á poner la forma en estado horizontal. Los
filamentos de que se forma la pasta son sumamente ténues y
de cierta longitud, y nadan en todas direcciones en el agua
de que está llena la cuba. Cuando el operario ha recogido
cierta cantidad en la forma, estos filamentos se hacinan unos
sobre otros en todos sentidos, y se van colocando simétricamente á medida que se desliza el agua y que el operario
favorece este efecto por medio de pequeños sacudimientos á
lo largo y á lo ancho de la forma, y cuando ha conseguido
desembarazarse totalmente del líquido, queda una tela trasparente y sólida que ofrece por sí misma una consistencia
que acrecienta el encolado. Este trabajo es el mas delicado,

dependiendo de los movimientos de balance del operario la homogeneidad y la igualdad del papel.

Cuando el operario juzga suficientemente desaguada la forma, quita la frasqueta y hace deslizarse su forma sobre un plano inclinado hácia el segundo operario ó *ponedor*. Este, que ha estendido ya un fieltro sobre la tablilla ó plancha puesta sobre la mesa, vuelca la forma apoyándola en uno de sus grandes costados, tiende el pliego de papel en el fieltro y envia la forma vacia al obrero, que le empuja una segunda y asi sucesivamente. Estas operaciones se hacen con mucha prontitud, y con dos formas siempre en movimiento el obrero y el ponedor están continuamente ocupados. En cuanto el pliego de papel está tendido en el fieltro, el obrero lo cubre con otro fieltro de dimensiones perfectamente iguales.

Cuando la tablilla está cargada con todos los pliegos de papel que deben componer un paquete ó posta, los obreros de la cuba toman la tablilla y la llevan debajo de la prensa. Se coloca sobre el paquete otra plancha sobre la cual se baja la prensa haciendo girar su tornillo, y se aprieta fuertemente con el auxilio de un cabestá, el cual esprime el agua del paquete y dá á los pliegos de papel cierta consistencia. Se pasa alrededor un rasero para quitar el agua de que están penetrados los bordes, despues se afloja el tornillo y se la hace volver á subir.

Entonces es cuando interviene el *levador* ó tercer operario; su empleo consiste en desprender los pliegos de papel de los fieltros y en formar con ellos paquetes, poniendo los unos sobre los otros. Esta operacion es muy delicada, porque el papel, aun flojo, se rompe fácilmente. Quita los pliegos uno á uno con las mayores precauciones, y los coloca exactamente unos sobre otros; cuando ha formado un paquete de quinientos pliegos, es decir, una resma, la vuelve á poner en la prensa.

Al salir de manos de los obreros de la cuba el pliego de papel, no ha llegado aun al grado de perfeccion requerida, pues conserva en su superficie una aspereza que perjudicaria al escrito y á la impresion, y que proviene de que la pasta se deposita mas espesa en los intervalos que dejan los hilos de cobre que constituyen el fondo de la forma. Es, pues, importante hacer desaparecer suficientemente este grano. Para ello, se vuelve á poner el papel múchas veces en prensa, teniendo cuidado, cada vez, de reformar los paquetes, levantando los pliegos uno á uno para cambiarlos de sitio, de suerte, que el primer pliego de encima se encuentre debajo. De esta suerte se hallan los pliegos en contacto con otras su-

Máquina para fabricar el papel continuo.

perficies, contra las cuales son comprimidos nuevamente por la accion de la prensa. Estas dos operaciones, el prensado y el lavado destruyen el grano del papel y se repiten tres ó cuatro veces.

Despues de estas operaciones y del prensado que ha desembarazado al papel del esceso de agua que contenia, el operario lo lleva al tendedor. Este es una vasta sala cuadrilonga, con ventanas á su alrededor cerradas con celosías de hojas movibles, que se abren mas ó menos, de suerte que se pueda graduar el calor y la evaporacion.

A distancia de dos metros uno de otro, se elevan postes verticales unidos entre sí por travesaños horizontales, á los que están fijadas cuerdas convenientemente espaciadas.

El obrero toma muchos pliegos á la vez en un instrumento de madera en forma de T que se llama *colgador* y los pone á caballo en dos cuerdas, y yendo así seguidamente, cubre cierto número de cuerdas. Cuando están suficientemente secos los pliegos, se quitan del colgador y se llevan á la sala de aderezo ó preparacion.

Pero antes de seguirlo á ella, constituyámonos en el taller de las máquinas donde se fabrica el papel mecánico.

En el dia, el empleo de máquinas para la fabricacion del papel ha llegado á ser general. A principios de este siglo se hicieron en Essonnes, en la fábrica de papel de Francisco Didot, los primeros ensayos de la máquina de papel continuo inventada por Luis Robert, uno de sus operarios, que tomó un privilegio de invencion en 1800.

Esta máquina se construyó desde luego y funcionó en Inglaterra, de donde fue llevada á Francia. Allí fue objeto de los estudios de los mejores constructores, que la llevaron, perfeccionándola mas y mas, al punto en que la vemos en el dia.

Esta máquina es muy complicada; es una serie de telas metálicas, de rodajes, de cilindros, que ocupa á veces mas de 50 metros de longitud. Voy á dar una idea del modo que tiene de funcionar lo mas claramente que me sea posible.

De una gran cuba ó tina colocada á la cabeza de la máquina fluye por medio de una llave á otra cuba, una corriente ó chorro de pasta semejante á un arroyo de leche. De esta segunda cuba, en la cual gira un revolvedor, se derrama la pasta en un canal al que imprime una rueda á dientes un movimiento de vaiven y que la distribuye con perfecta regularidad en una tela metálica sin fin, cuya parte superior presenta una superficie plana. Esta tela, que reemplaza la forma del trabajo manual, se mueve gradualmente y arrastra sucesivamente la pasta que se ha derramado en ella; tiene, asi como el canal, un ligero movimiento de oscilacion horizontal que facilita el derrame del agua y fieltra los filamentos. La pasta no puede derramarse por los bordes de la tela mecánica, porque arreglan la longitud del pliego dos correas de cuero. Si se toca la pasta al principio del plano en que se ha recibido, se la encuentra fluida; al otro estremo tiene la solidez del papel mojado. Antes de dejar la tela metálica sobre la cual se ha formado el papel, un cilindro forrado de lienzo lo hace esperimentar una presion, pasando de aquí á una pieza de lienzo destinado á absorber su humedad, y que como la tela metálica se rolla en dos cilindros para formar una nueva tela sin fin, cuya superficie superior forma un plano inclinado. En seguida lo cogen dos rodillos forrados de lienzo que lo prensan fuertemente, y pasa á un nuevo plano, al salir del cual es todavía comprimido entre dos nuevos rodillos igualmente forrados de lienzo. Entonces es cuando entra en la region del calor. En este sitio, se forma enteramente, pero queda aun frágil y húmedo.

Recibido en un pequeño cilindro, es dirigido por él sobre la superficie bruñida de un gran cilindro calentado por el vapor, donde comienza á humear, pero el calor es proporcionado á su consistencia siempre creciente. Del primer cilindro, se enrolla en otro segundo de un diámetro mayor, y que está mucho mas caliente. A medida que pasa sobre esta superficie bruñida, se ven desaparecer sus irregularidades. Finalmente, despues de haber girado sobre un tercer cilindro todavía mas caliente, y de haber sufrido la presion de un rodillo superior, otro rodillo le dirige á otro cilindro donde se encuentra terminado y enrollado.

Tiénese pues un inmenso rollo de papel cuya longitud solo está limitada por la voluntad del fabricante. Es pues necesario cortarlo para tener pliegos propios para los diversos usos á que se le destina.

Por medio de este procedimiento mecánico, bastan dos minutos para hacer papel perfecto, contados desde el momento en que fluye la pasta sobre la tela metálica. Esta debe fluir tanto mas pronto ó rápida cuanto se quiere obtener papel mas fino; suministra 15 ó 20 metros de longitud de papel fino por minuto, y solamente 6 ó 10 metros de papel recio.

Los papeles fabricados y cortados son trasladados inmediatamente á la sala de preparacion, llamada taller de *alisar*, donde debe dárseles la última mano. Regístranse desde luego los pliegos uno por uno para desechar los que son defectuosos; despues se los pone en prensa en gruesos paquetes. En

Taller de alisar.

seguida se alisa, satina ó gelatina el papel según el uso á que se le destino. Los papeles de impresión son simplemente alisados ó satinados; brúñense los destinados á la escritura. El papel se alisa haciéndole pasar al laminador, entre dos pliegos de carton; esta operacion hace desaparecer sus rugosidades: se le satina, haciéndole pasar mayor número de veces al laminador, lo cual le hace mas y mas suave y compacto ó unido. El gelatinado se verifica entre dos hojas de cobre bruñido y hace el papel resbaladizo, brillante y de gran trasparencia. Cuando se han terminado todas estas operaciones, se pone el papel en manos de á veinticinco pliegos y en resmas de veinticinco manos, recortado ó no recortado y se le empaqueta con cuidado, despues de haberlo puesto nuevamente en prensa para entregarlo al comercio.

La fabricacion del papel se halla en el dia en un estado floreciente en casi todos los paises civilizados. En Francia, las fábricas de papel mas importantes son las de Annonay, en el Ardeche, de Rambervilliers y de Souche, en los Vosgos, de Angulema, en Charente, del Marais, en Seina y Marne, de Essonnes, en Sena y Oise, de Ambert y de Thiers, en el Puy de Dome, de Rives, en el Isere, del Mesnil en el Eure, etc.

En Francia la fabricacion del papel escede en el dia de 2.000,000 de kilógramos, de papeles de todas clases; dando un kilo de papel, por término medio, 20 metros de desarrollo ó estension en un metro de longitud; su produccion anual representa un rollo de 2.000,000 de kilómetros, es decir, lo suficiente para rodear cincuenta veces la tierra. El término medio del precio del papel para imprimir ó escribir es de cerca de un franco el kilógramo; el de los papeles de embalaje y plegado solo es de 40 céntimos. Todo sirve para la fabricacion de estos papeles, el papel viejo de torcidas, los desechos de algodon, de lino, los cartones, las telas de embalaje de esparto, todo desmenuzado y mezclado con residuos de toda especie, lo cual esplica su bajo precio.

La produccion y el consumo de papel se aumentan diariamente; en dos años se han duplicado, y es mas y mas difícil procurarse en cantidad suficiente la primera materia, los trapos de hilo y algodon. Hace ya muchos años que los fabricantes de papel, alarmados con la crisis que amenazaba su industria han buscado los medios de reemplazar el trapo con alguna sustancia comun y de poco precio.

Toda planta que contiene la celulosa, es en realidad propia para trasformarse en pasta de papel; pero no debe perderse de vista que no basta al fabricante poder convertir una

materia cualquiera en papel, sino que debe asegurarse tambien, no solamente de que estas materias serán tan abundantes y tan baratas, sino tambien que las operaciones in-
dispensables para reducir estas sustancias al punto de formar el papel, serán tan fáciles como las empleadas hasta el
dia, y que el papel que de ellas resulte, será tan bel.o y de
tan buen uso.

Como ya hemos dicho, los medios mecánicos y químicos
de que dispone en el dia la industria, permiten emplear en la
fabricacion del papel, sustancias en otro tiempo despreciadas;
pero debemos decir, que si el papel ha llegado á ser mucho
mas fácil de hacer, y de un precio incomparablemente menos
elevado, su solidez y su duracion han disminuido cons dera-
blemente. Los primeros pa.eles fabricados en Francia y en
Holanda se hacian de escelentes trapos de hilo no blanqueado
ni lavado 'por los procedimientos químicos que enervan su
fibra; asi, estos papeles, fabricados á mano y encolados con
cuidado, han conservado hasta nuestros dias sus primitivas
cualidades. Las obras de Guttemberg, de los Aldos, de los Estienne, de los Elzeviros, sobrevivirán por largo tiempo á las
mas bellas publicaciones de nuestra época. En el dia se sacri-
fica la solidez á la apariencia Los papeles que contienen una
fuerte proporcion de algodon, atacados ya por el cloro y el
ácido sulfúrico empleados para su blanqueo, sobrecargados
con frecuencia de materias minerales, tales como la barita y
el caolin, destinadas á aumentar su peso y su blancura, se
pican, amarillean y terminan por destruirse, sobre todo, si
están espuestos á la humedad. En nuestros dias, las publicaciones parecen destinadas á nacer y á perecer con la misma
rapidez, y nuestros mas bellos l bros, dados á luz con tanto
lujo, no pasarán ciertamente á las generaciones futuras.

Se han hecho ensayos, desde hace mucho tiempo, para fabricar papel con toda clase de sustancias vegetales. Desde el
año 1772, un sabio aleman, Cárlos Schoffer publicaba en Ra-
tisbona sobre el resultado de estos ensayos una obra que contiene ochenta y una muestras de papel fabricado con paja,
yerba, musgo, virutas de haya, de álamo, de sauce, de tallos
de lúpulo. de vides, de cáñamo, de ortigas, de malvas y
hasta de hojas y de tronchos de coles. El maiz, el heno, la
pulpa de remolacha, el residuo de féculas ha sido empleado
con este objeto. Háse fabricado tambien papel de embalaje
con estiercol de caballo.

Ha podido verse en la Esposicion universal de 1867, numerosos especimens de pastas obtenidas de madera de diferentes especies. Esta fabricacion parece constituir en el dia

una industria formal, y cierto número de fábricas preparan tambien cada dia en Francia y en el estranjero muchos millares de kilógramos de pasta de papel blanco. En estos vegetales, la celulosa en el estado fibroso, que constituye la materia orgánica de la pasta de papel, se halla asociada á materias incrustantes secretadas en el interior de las fibras leñosas bajo la influencia de la vegetacion y que modifican el color y la duracion de los tejidos. Antes de poder sustituir estas fibras vegetales á los trapos, es preciso someterlas á un tratamiento bastante enérgico para reducirlas á un estado de pureza análogo al que presentan las telas de cáñamo, de lino y de algodon. Háse conseguido esto; pero la materia sometida á estas epuraciones vigorosas no puede entrar en la composicion de las pastas sino cuando se ha reducido su peso á la cuarta ó á la quinta parte, representando el resto la porcion de sustancias orgánicas ó minerales que ha sido preciso eliminar. Los restos de los tejidos, habiendo esperimentado ya en el uso doméstico numerosos lavados con legía, dan por el contrario en pasta de papel, pesado en seco, de 70 á 80 por 100 del peso de los trapos empleados.

El método empleado mas generalmente para estraer la celulosa fibrosa de los vegetales leñosos, consiste en tratar muchas veces estas sustancias en caliente por medio de fuertes soluciones de sosa ó de potasa, y despues por medio del cloro. Termínase el tratamiento de las fibras, desembarazadas de incrustaciones leñosas, por medio de un blanqueo con solucion de hypoclórico de cal y de abundantes lavaduras de agua tan pura como sea posible. Entonces se presenta la celulosa bajo la forma de una galleta que se entrega al comercio como materia primera para entrar en la composicion del papel.

Las operaciones se simplifican cuando se trata de separar de las sustancias estrañas que están mezcladas á ellas, las fibrillas fieltrables de los tallos de los gramíneos, de las pajas ó de los espartos: solamente la materia primera es mas cara que cuando se opera en madera. Las pastas de papel obtenidas de esta suerte apenas cuestan mas que la mitad, ó las dos terceras partes del precio de las pastas de trapos; mas para hacer buen papel, es necesario siempre mezclar á él por lo menos 30 por 100 de estas últimas.

La fábrica de Char, cerca de Granville, ha producido tambien pastas de papel de fuco y de zostera, que pueden competir con las de madera.

CAPITUO XV.

La imprenta moderna.

Las primeras producciones de la imprenta han sido necesariamente imperfectas, como todos los ensayos de las artes en su infancia. Los caracteres góticos de que se ha hecho uso desde un principio eran angulosos y poco correctos; hasta despues de la invencion de los punzones de acero,-no se redondearon las letras. La composicion no guardaba regularidad, el tirado era pálido y desigual. Todos los libros eran en fólio ó en cuarto y no tenian paginacion. Las mayúsculas que comenzaban las divisiones de la obra, se hallaban rodeadas de adornos, y por lo comun se imprimia la mayúscula con un vacío á su alrededor para dejar al dibujante el cuidado de trazar y colorear su circuito.

La prensa de que se hizo uso largo tiempo despues de Guttemberg, no era otra que la antigua prensa de lagar que se usaba para las vendimias y que se adaptó á las necesidades de la impresion. Sin embargo, de esta prensa que ha estado en uso durante mas de cuatro siglos, es de donde han salido las célebres producciones de los Estienne y Elzevier, y aunque sumamente modificadas, las prensas manuales han conservado su mecanismo primitivo. Hace sesenta años apenas que han venido las prensas mecánicas á sustituir á la antigua prensa de brazo, y á librar á la impresion de todo cuanto tenia anteriormente de penoso ó de repugnante : la fatiga de los brazos para sacar la barra ó palanca de la prensa y distribuir la tinta en las muñecas ó balas y el disgusto que causaba la preparacion y el sostenimiento de las muñecas ó balas de lana cubiertas de piel de perro. Pero sigamos paso á paso la serie de operaciones que constituyen la impresion de un libro.

La primera de estas operaciones es el grabado de punzon. El trabajo del grabador es sin contradiccion el trabajo cuya ejecucion requiere un talento especial; es una obra de artista. Comienza por hacer los punzones, pequeñas espigas de acero al estremo de las cuales graba una letra de relieve. Naturalmente se necesitan tantas espigas cuantas son las letras, números, signos de puntuacion, etc., etc., que se necesitan, y tantas colecciones de punzones cuantas son las formas de letras, desde las capitales mayores y menores hasta las letras mas pequeñas que puedan emplearse. Una vez terminados los punzones, y despues que los ha pasado al calibre para igualar su tamaño, una vez que ha sacado las pruebas y que ha retocado las que lo requerian, el grabador dá al punzon el temple necesario para abrir las matrices. Son estas pequeños trozos de cobre en los que es preciso hacer entrar el punzon-á martillazos; de esta suerte cada fragmento de cobre ofrece en hueco la letra ó el signo de puntuacion. Despues de abrir las matrices, se procede á su justificacion, es decir, á cuadrarlas y á igualar su profundidad con la lima, entregándolas despues al fundidor.

El fundidor principia por colocar cada matriz en un molde de hierro guarnecido con un mango de madera que sirve para sostenerlo; despues procede á la fundicion de los caracteres. Desde luego prepara con cuidado la aleacion con que forma los caracteres, de manera que no resulte demasiado blanda ó floja, porque la aplastaria la prensa, ni demasiado dura ó áspera, porque se romperian los perfiles de las letras. La proporcion que generalmente se guarda es de 30 partes de regulo de antimonio para 70 de plomo, á las cuales se añade 5 por 100 de cobre y de estaño, lo cual hace que duren mucho mas los caracteres.

Cuando se tiene ya la materia puesta en un fuego vivo y brillante, el fundidor se aproxima á la vacía que la contiene, teniendo en una mano el molde y en la otra una cuchara con la cual toma el metal en fusion con que llena el molde. Despues de haberlo sacudido ligeramente, para que salga el aire, saca de él casi al punto una barrita que lleva en relieve á su estremo la letra que estaba en el hueco en la matriz. Rompe con el dedo lo supérfluo de la fundicion que se ha pegado á la letra y frota ésta sobre una piedra para hacer que desaparezcan las escrescencias adheridas á los ángulos de los caracteres; despues, cuando estos son en cantidad suficiente, los coloca sobre los componedores, donde apretados fuertemente con un tornillo, acaba la batidera ó cepillo por dar á todos igualdad perfecta. Despues que por medio de todas estas operaciones han quedado bien lisos y brillantes, el fundidor los empaqueta por clases de caracteres.

En la imprenta se reparten los caracteres en la *caja*, especie de cajero dividido en numerosos compartimientos llamados *cajetines*. Estos compartimientos comprenden, colocadas con cierto órden, todas las letras y los signos que se emplean en la tipografía. Ademas de las letras, números y signos de puntuacion, hay los espacios, las interlíneas y los cuadrados.—Los espacios son piezas de fundicion mas ó menos delgadas, que sirven para separar las palabras entre sí ó dividir las dicciones. Las *interlíneas* ó regletas son otras piezas mas largas que las precedentes, que se emplean para separar mas y mas las líneas entre sí. Finalmente, se dá el nombre de *cuadrados* á piezas de fundicion que sirven para completar las líneas donde no llena la letra el ajuste; en una palabra, para llenar los vacios de toda clase que pueden hallarse en la página. Sirviendo los espacios, las interlíneas y los cuadrados para llenar los blancos, son necesariamente menos altos que los caracteres, puesto que no deben dejar huella en el papel.

Cuando ha terminado la colocacion de los caracteres en la caja, comienza la obra del componedor. Puesto en pie delante de su caja, toma de cada cajetin la letra propia para espresar lo que lee en el manuscrito que está á la vista. En la mano izquierda tiene el *componedor*; este es una pequeña barra ú hoja de hierro, cuyo borde está levantado en forma de escuadra en tóda su longitud: por un estremo está cerrado con una pequeña pieza de fundicion cuadrada, por el otro se introduce una clavija con muesca que lleva una pieza de fundicion paralela á la primera. Se fija esta clavija por medio de un tornillo en el punto que se quiere determinar la longitud de las líneas ó la *justificacion*. Esta palabra indica el número de enes, letra tomada en Francia por término medio, que debe contener cada línea. Asi, pues, el componedor es, para espresarnos de otro modo, una hoja de hierro con una chapa corredera con una mortaja y sujeta por un tornillo en la parte mas ancha del componedor, con varios agujeros para introducir aquel en el mas inmediato: es requisito indispensable que sus ángulos estén á escuadra.

De pie delante de su caja, el cajista toma, pues, con la mano derecha cada letra de cada palabra de su cajetin y la coloca en su componedor, teniendo cuidado, cuando ha formado una palabra, de separarla de la palabra siguiente por medio de un *espacio*. Al llegar al cabo de la línea, la aprieta convenientemente y pasa á la línea siguiente, poniendo debajo de la primera una ó dos interlíneas. Cuando ha compuesto de esta suerte seis ú ocho líneas, está lleno el componedor. El cajista entonces coge las líneas que contiene con los dedos de las dos manos y las pone en una pieza de madera con tres barrotes unidos á escuadra y horadados por debajo con el objeto de introducir una volandera. Esta pieza se llama *galera*. Cuando está concluida la composicion, pasa á manos del *ajustador*, operario especial que cuenta el nú

Cajistas de imprenta.

mero de líneas que debe llevar la página, despues las separa del resto, y sujetándolas con varias vueltas de bramante, hace tantas páginas como son necesarias para formar un pliego, es decir, diez y seis, para el tamaño en octavo, veinticuatro para el tamaño en dozavo, etc. Coloca en seguida estas páginas en una mesa de hierro llamada *platina*, en la cual las separa convenientemente por medio de piezas de madera ó de plomo, y las sujeta con un bastidor de hierro llamado *rama* por medio de cuñas. *Imponer*, es colocar las páginas con tal órden, que estando impresy y plegado el pliego de papel, estas páginas se sigan en su órden numérico natural, lo cual requiere mucho hábito y mucha atencion. Para cada pliego, cualquiera que sea el número de sus páginas, se hacen dos formas, una para cada uno de sus lados.

Puestas en debida forma las páginas, bien ajustadas y apretadas con cuñas, de modo que nada se mueva, se saca una prueba de primeras, destinada al corrector de la imprenta Este indica en el márgen con la pluma las faltas tipográficas; el cajista las corrige en su forma por medio de pequeñas pinzas, con las cuales quita las letras defectuosas; despues se saca otra prueba corregida que se lleva al autor, á fin de que indique á su vez las correcciones y las modificaciones que quiere introducir en el texto. Cuando el pliego está corregido y el autor ha dado su *visto bueno para tirar* al pie de una prueba, se dá la última mano á las formas y se llevan á los talleres de impresion. Entonces se ajustan en la mesa ó platina de la prensa, se les dá tinta, se ensayan y se procede al tirado, bien en la prensa á brazo, bien en la prensa mecánica.

Antes de poner el papel en la prensa, es necesario mojarle, porque debe tener siempre cierto grado de humedad para que reciba bien la impresion. Hé aquí cómo se procede á esta operacion: se toma un paquete de pliegos, como una media mano, se tienden en una plancha, y con una pequeña escoba ó brocha de álamo que se moja en el agua, se rocía el papel. Se pone otro segundo paquete sobre el primero, se le rocía lo mismo, y asi sucesivamente hasta que se haya mojado todo el papel que debe servir para el tirado; despues se le pone en prensa para que se embeba bien en el agua el papel con igualdad, y se deja en este estado durante algunas horas. De esta suerte se reparte el agua en todo el papel, de manera que cada pliego apenas se humedece,

Hace sesenta años, solo se conocia una especie de prensa, la que, con algunas modificaciones, estaba en uso en la imprenta despues de su invencion. Algunas piezas suprimidas ó simplificadas, las cuerdas reemplazadas por tirantes de madera con muescas ó piezas con dientes, la madera reemplazada por la fundicion, tales eran los cambios que habia esperimentado. En los primeros años de nuestro siglo, se ejecutó en Inglaterra una prensa toda de fundicion que, aunque casi enteramente semejante á las antiguas, en cuanto á su sistema mecánico, ofrecia en el juego de sus piezas ese paralelismo riguroso de que depende la regularidad del tirado. Esta invencion á que dió su nombre lord Stanhope, escitó en Francia y en Inglaterra la emulacion de los mecánicos, y en

pocos años la imprenta renovó casi enteramente esta parte
de su material.

La prensa de brazo, ó prensa Stanhope, se maneja habitualmente por dos operarios; el uno da tinta á la forma con
un rodillo de gelatina que pasa dos ó tres veces por toda la
superficie para cargar el ojo de la letra con la tinta necesaria para la impresion; el otro operario pone en la forma un
pliego de papel blanco, despues de haber bajado la frasqueta

La prensa llamada de Stanhope.

destinada á resguardar los blancos del pliego de papel de
todo embadurnamiento y da el golpe de prensa. Al instante
sale un pliego, copia fiel de todos los caracteres de que se
halla compuesta la forma. Cuando el número de pliegos que
se debe imprimir está completamente tirado por un lado, se
levanta la forma, y se ajusta en su lugar la que compone el
reverso, y para que las páginas correspondan exactamente
unas con otras, cuando se imprime en retiracion, se fija el
papel en las mismas punturas de la prensa por los mismos
agujeros que habian hecho primeramente.

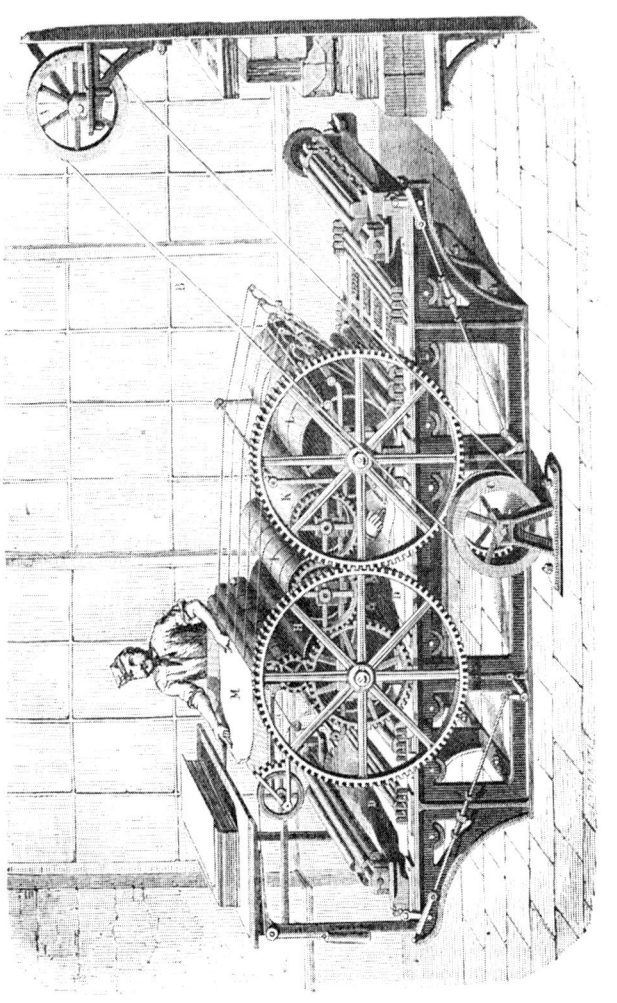

Prensa mecánica

Cuando ha terminado su tirada la forma, se la sumerje en una cubeta llena de legía, y se limpia la tinta frotándola con una broza. Sacada entonces del agua, se la envia á casa del clisador, si debe clisarse, donde el cajista, quitando las cuñas, distribuye las letras cada una en su cajetin.

Las prensas mecánicas han reemplazado en el dia á las prensas de brazo en los grandes establecimientos; pero estas últimas forman aun el fondo de los medios de tirado en gran número de pequeñas imprentas, y cualesquiera que sean las ventajas de las mecánicas, bajo el punto de vista de la regularidad de los movimientos y de la rapidez del tirado, la prensa manual conserva todavía el privilegio de las impresiones superiores.

La primera idea de la prensa mecánica parece pertenecer al americano William Nickolson, editor del *Diario filosófico* que sacó privilegio en 1790; pero la primer máquina que funcionó con éxito fue construida en 1814 por los mecánicos alemanes Kœnig y Báuer, para el periódico inglés el *Times.* En su número del 14 de noviembre de 1814, anuncian los editores de este periódico á sus lectores que leen por primera vez un periódico impreso en una máquina de vapor.

En esta máquina, que es la mas comunmente adoptada, la forma que contiene los caracteres pasa horizontalmente por un movimiento de va y ven, por debajo del cilindro de impresion en el cual se enrolla el pliego de papel y es retenido por medio de cintas. La tinta, encerrada en una caja cilíndrica, colocada en la cima, se derrama simétricamente sobre dos rodillos que la comunican á una serie de otros rodillos que la aplican á los caracteres. Mas adelante, con el objeto de imprimir á la vez los dos lados del pliego, Kœnig duplicó su prensa, estableciendo, por medio de cintas, una comunicacion entre los dos cilindros. La idea era muy ingeniosa, pero ofrecia grandes dificultades para conseguir dar á la retiracion toda la precision que se obtiene con las punturas respecto de la prensa manual, y aun de la mecánica simple. El pliego, conducido por las cintas, era llevado de un cilindro á otro, recorriendo el espacio que representa bastante exactamente la forma de la letra S tendida horizontalmente S. Durante su cúrso por los cilindros, el pliego recibia bajo el primer cilindro, la impresion de un lado, y bajo el segundo cilindro, recibia la impresion del segundo lado; pero este segundo lado del pliego no caia exactamente en registro. Despues de repetidos ensayos y por largo tiempo infructuosos, se llegó por medio de la interposicion de dos tambores de madera en el intervalo de los dos cilindros, á obtener tal precision, que el pliego va á aplicarse al contorno del segundo cilindro, justamente en el mismo punto en que se encuentran impresos del lado opuesto los caracteres de la primer forma; despues de lo cual viene á depositarse en una mesa colocada entre los dos cilindros, donde lo recibe y lo empila un niño.

Si la prensa tiene por motor el brazo del hombre, este comunica el movimiento por medio de un manubrio y un volante; si es movida por una máquina de vapor, el movimiento se trasmite por la máquina á un árbol sobre el cual hay fija una polea, que corresponde, por medio de una correa, á la polea que hace andar la prensa. El movimiento general se da por un árbol que se halla en relacion inmediata con el motor. A este árbol está adaptada una rueda de granje, que trasmite el movimiento á dos grandes ruedas dentadas, cuyo centro correspondiente al eje de los cilindros, los pone en movimiento. El árbol, prolongándose bajo la parte de la prensa que comprende las tablas, termina en una rueda angular que encaja sucesivamente todos los dientes de una cremallera horizontal. Esta partiendo alternativamente del lado izquierdo al lado derecho de la prensa, hace pasar y repasar las tablas de impresion bajo los cilindros y al mismo tiempo las tablas de distribucion bajo los rodillos de tinta. Tales son, en su conjunto, la construccion y marcha de la prensa mecánica ordinaria. Con esta prensa se puede tirar, por término medio de 2,000 á 2,500 pliegos por hora.

El ingeniero inglés Applegath perfeccionó esta prensa que imprimió el periódico el *Times* tirando 10,000 ejemplares por hora.

Pero en breve estos resultados llegaron á ser insuficientes, y se tuvo que recurrir á otras combinaciones: en vez de tratar de aumentar una rapidez que era difícil, sino imposible de superar, se pensó en multiplicar el número de composiciones por medio del clisaje, y se colocó los tipos sobre una superficie cilíndrica.

Ricardo Hoé, hábil mecánico americano construyó, para el periódico el *Sun*, de Nueva York, una enorme prensa que podia tirar hasta 20,000 pliegos por hora. Es verdad que solo obtenia este resultado empleando ocho cilindros y un número considerable de rodillos. Esta prensa costó 120,000 francos al *Sun*.

En esta ingeniosa máquina, como en la de Cooper, las formas están encorvadas y aplicadas al cilindro central, cuyo contorno se halla tambien cubierto por la composicion sujeta por medio de pernos. Al rededor del cilindro central hay colocados ocho cilindros, cada uno de los cuales pone un pliego de papel en contacto con el cilindro central que los imprime sucesivamente, haciendo su revolucion. De esta suerte no hay interrupcion alguna en la continuidad del movimiento.

Nueva prensa mecánica de gran celeridad: sistema Marinoni.

En estos últimos tiempos se han introducido nuevas mejoras en la construccion de las prensas tipográficas. Una de las mas recientes y que parece ofrecer mayores ventajas, tanto respecto de la rapidez del tirado, como de la economía del trabajo, es la nueva prensa mecánica de gran celeridad, inventada por un hábil mecánico francés, M. Hippolito Marinoni. Esta prensa, que funciona en los talleres del *Petit Journal*, arroja fácilmente por hora 30,000 ejemplares.

Para imprimir con esta máquina, se sirven de clichés cilíndricos, adaptados instantáneamente sobre los cilindros por medio de garfios. En nuestros dias, con el auxilio de procedimientos perfeccionados, se consigue producir clichés con tal rapidez, que se puede imprimir simultáneamente seis, ocho, diez composiciones clisadas, obteniéndolas media hora despues que la composicion tipo haya salido de manos del operario. Esta rápida multiplicacion ha llegado á ser necesaria para los periódicos de la tarde, que deben componerse y tirarse en algunas horas, en número considerable.

La nueva prensa Mariñoni ofrece sobre las anteriores muchas ventajas importantes; hace la retiracion, es decir, que el pliego marginado una sola vez, sale de la máquina impreso por ambos lados; para alimentarla, solo se necesitan seis operarios marcadores y un conductor; finalmente, solo cuesta 40,000 francos. La enorme márquina de Hoé solo imprime en blanco; es decir, por un solo lado á la vez; exige para su servicio diez y siete personas y cuesta 120,000 francos. Esta invencion coloca, pues, la mecánica tipográfica francesa á la cabeza de las industrias similares del mundo entero.

Sin embargo, si se ha de creer al *Times*, no es esta aun la última palabra.

«Acaba de ensayarse, dice el periódico inglés, en nuestros talleres, una nueva prensa que supera á todo lo que se ha inventado hasta el dia.

El papel destinado para la impresion se coloca sin solucion de continuidad en un rollo que lo suministra conforme se va necesitando. La máquina puede imprimir 46,000 pliegos, ó sea 23,000 números completos en una hora. Es el número mas elevado que se ha obtenido jamás. La misma máquina corta el papel, lo pliega y lo entrega con su número de órden.»

Notemos aquí que el *Times*, como puede verlo cualquiera, es ocho veces mas grande que el *Petit Journal*.

Digamos, para concluir, algunas palabras sobre la *stereotipia* ó clisaje, procedimiento que consiste en hacer sólida y convertir en una sola pieza de fundicion una página compuesta de caractéres movibles. Su objeto es evitar la conservacion de las formas, lo cual requeriria un material muy considerable, ó nuevos gastos de composicion de una obra cuya reimpresion fuera probable.

Dos procedimientos se emplean con este objeto; el clisaje en yeso y el clisaje en papel.

En el primero, despues de haber colocado la forma en un bastidor de hierro y de haberla barnizado ligeramente con un cuerpo craso, se estiende encima, con un pincel una capa muy clara de yeso fino que se hace entrar á golpecitos en los intersticios de los caractéres: sobre esta primer capa, se estiende otra del espesor necesario. Cuando se ha endurecido la pasta, se la quita de encima de la forma, de que se desprende fácilmente, gracias al barniz craso préviamente estendido sobre la forma, y se tiene de esta suerte una *contra prueba*, que presenta en hueco todos los caracteres de la composicion.

Cuando está seco el molde se le encierra en una caja metálica, agujereada por encima, y se le sumerje en una caldera llena de una mezcla ó liga de plomo y de antimonio en fusion. El metal líquido entra por los agujeros de la caja y llena todos los huecos de la pasta: Cuando se ha enfriado, resulta una plancha en relieve que es la reproduccion exacta de la forma de caractéres movibles, y no hay mas que quitar el yeso, desbarbarlo ó rascarlo é igualarlo y darle la última mano.

El clisaje en papel se practica aplicando sobre la forma un pliego de papel fino, cubierto con una ligera capa de cerusa para hacerlo incombustible; despues con un cepillo de largas crines se golpea sobre este pliego para hacerle tomar la forma de todas las letras. Aplícase en seguida encima un segundo pliego que se trata como el primero, y despues todavía otros cinco ó seis pliegos, de modo que formen una especie de carton. Cuando están batidos todos estos pliegos, se les vuelve á cubrir con otro pliego mas fuerte, y se pone la forma en prensa, esponiéndola á un calor mas fuerte, y dejándola secar. Cuando está bien seca, resulta un molde en hueco semejante al que se obtiene con el yeso. Se coloca este molde en una caja de fundicion, y el resto de la operacion se practica como para el clisaje en yeso. El clisaje en papel es mas fácil que el clisaje en yeso, pero el cliché que se saca del primero es menos perfecto.

Cuando se han sacado todos los pliegos que deben formar el volúmen, se les hace secar; despues, se les entrega al encuadernador. Este comienza por ponerlos en una larga mesa, segun su signatura, esto es, segun la letra ó el número de órden que se encuentra al pie de la página de cada pliego; despues, procede á reunirlos. Esta operacion se verifica levantando un pliego sobre cada una de estas formas, de suerte que el pliego marcado con la letra A ó con el número 1, se encuentre sobre el pliego marcado con la letra B, ó con el número 2, y asi sucesivamente, estos dos encima del pliego marcado con la letra C ó el número 3, y asi hasta el fin del volúmen. En seguida verifica la pila, levantando con una aguja la punta de cada pliego por el lado de la signatura, y se mira si hay alguno duplicado ó de menos: esto se llama *colacionar*, esto es, verificar ó comprobar si tiene un libro todas sus páginas. En seguida, separa por paquetes todos los pliegos que completan un volúmen y los plega segun su tamaño y su paginacion. Despues de haber comprobado nuevamente si siguen bien las signaturas, se les entrega á la encuadernadora que cose todos los pliegos del volúmen juntos, teniendo cuidado de poner una guarda ú hoja blanca en la primera y en la última página del volúmen. Terminada esta operacion, se unta con un pincel con engrudo el lomo del volúmen; despues, se pega lo mismo la cubierta, y poniendo el lomo de plano encima de la hoja pegada, se levantan los dos lados de la cubierta sobre las guardas, y se deja secar al aire el libro sin ponerlo en la prensa. Lo mismo se verifica con el segundo volúmen, el cual se pone encima del primero cuando se halla terminado, y asi sucesivamente: esta ligera presion basta para impedir que se deformen las cubiertas mientras se secan. Cuando está seco el volúmen, la encuadernadora quita las barbas de las hojas que sobresalen, con unas grandes tijeras, y se pone el libro en venta.

Aquí, lector, termina mi tarea.

¿Es esto decir, que hemos espuesto cuanto habia que advertir sobre el papel y sus diversos usos? No, sin duda alguna, y hubiéramos necesitado para agotar la materia, añadir aun numerosos capítulos á nuestro libro, lo cual no nos permitian los límites de esta obra. Hubiéramos tenido que hablar aun de la fabricacion de los papeles pintados, del grabado de buril y al agua fuerte, de la litografía, de la litochromia, de la fotografía y de otras muchas artes que multiplican diariamente en una progresion incalculable los productos del entendimiento humano. Si se ha duplicado la poblacion del globo, si se ha triplicado desde el tiempo en que el hombre escribia en papyro ó en pergamino, tambien los medios de ilustrar la inteligencia y de divulgar nociones útiles se han aumentado en una proporcion todavía mas rápida. Para espresar todos estos progresos con una fórmula muy sencilla, nos bastará decir, con un hombre muy inteligente en la industria, que puede juzgarse de una manera casi infalible del grado de civilizacion á que ha conseguido llegar una nacion, consultando la cantidad de papel que fabrica y que consume.

FIN.

INDICE

DE LO CONTENIDO EN ESTE TOMO.

PRIMERA PARTE.

DEL PAPEL Ó DE LAS SUSTANCIAS QUE SERVIAN DE TAL ENTRE
LOS ANTIGUOS.

SEGUNDA PARTE.

DESCUBRIMIENTO DE LA IMPRENTA.

TERCERA PARTE.

LA HILANDERÍA, LA FÁBR.CA DE PAPEL Y LA IMPRENTA MODERNA.